주역 周易

심층의식으로의 대항해

글 이원규 **그림** 한정우

HERENOW
히어나우시스템

주역

심층의식으로의 대항해

저자 이원규, 한정우
펴낸곳 **히어나우시스템**
초판 1쇄 인쇄 2009년 9월 10일
초판 2쇄 발행 2017년 4월 30일
등록 제 1-24135호 등록일자/1998. 12. 21
주소 서울시 관악구 봉천동 1540-33호 혜남빌딩 3층
전화 (02)747-2261~2 **팩스** (02)747-3642
홈페이지 www.herenow.co.kr
전자메일 cpo@herenow.co.kr

ISBN 978-89-951153-9-8 03240

주역 周易

심층의식으로의 대항해

글 이원규 그림 한정우

HERENOW
히어나우시스템

이 글은 2004년 3/4월부터 2009년 3/4월까지 '지금여기' 잡지에 연재되었던 것을 하나로 묶은 것입니다. 따라서 주역 전체가 실려있지 않으며, 이후 글은 계속 연재되어 또 다시 책 한권 분량이 되면 단행본으로 묶어 발간할 예정입니다. 그리고 주역의 기본적인 해석을 위한 '주역의 기초'는 맨 뒷부분에 실었습니다. 읽어가는 도중 해석의 원칙을 알고 싶은 분은 뒷부분을 먼저 보셔도 좋습니다. 즐겨 읽어주십시오.

목 차

복괘

몽괘

췌괘

주역의 기초

근원으로 돌아오다

복(復)괘 ①

기본적으로 복괘는 '돌아오다'는 의미이지만, 전체 음중에 제1효만이 양(陽)인 '시작'을 의미하는 괘이기도 하기 때문입니다. 음이 물질을 표상한다면 양은 정신, 의식을 표상하며 혹은 영(靈)으로 바꾸어도 무방할 것입니다. 드러난 현상(現象)과 물질로 가득한 이 세계에 정신의 문명이 서서히 떠오르는 첫발을 의미하기도 합니다.

우선 먼저 복괘의 전체형상을 그려 봅니다.
그 모양은 끊임없는 흥망성쇠의 삶으로 출렁이는 바다(5음효)를 한 의식(1양효)이 바라보고 있는 모습입니다.
당신은 오늘 동해의 바닷가에 서있습니다. 눈앞에 펼쳐진 망망대해는 온통 거친 파도가 휘몰아치는 바다 뿐입니다.
쏴아아
쏴아아
한 순간도 멈추지 않고 일렁이는 파도!
물에 빠져 허우적대는 이도 있고,
멋지게 파도타기를 하는 이도 있습니다.

눈이 가는 곳마다 마음이 철렁 내려앉기도 하고, 멋지다고 감탄하거나 기쁨이 일기도 합니다.
끊임없이 파동치는 다양한 세계가 눈앞에서 벌어지고 있는 것입니다.
멈추려는 이에게 고해(苦海)가 되는 바다...
그런데 잠시 그 고해(苦海)를 바라보고 있는 '자신' 으로 눈을 돌리면, 순간 당신은 어느새 피안* 에 와 있음을 알게 됩니다.
* 彼岸 : 불교의 깨달음의 세계
당신이 서있는 그 자리,
눈앞에 펼쳐진 광대한 바다의
그 모든 흔들림을 보고있는
'흔들림 없는 자리' 말입니다.

커다란 혼란으로 둘러싸여 있으나
정작 자신은 부동(不動)인 태풍의
눈과 같은 자리,
그것은 복괘(復卦)의
일양(一陽)이 막 떠나온 자리
입니다.
그리고 무한한 현상계인 음(陰)의
바다를 바라볼 수 있게 하는 것은
당신이 일양(一陽)의 자리에 서있기
때문입니다.
'복본(複本) - 근원으로 돌아가기'
이것이 복괘가 말하는 상징이지요.
떠나온 자만이 돌아갈 수 있습니다.
당신의 주의는 파도로 가득
한 물질세계(- -, 陰)로 떠났
다가, 드러나지는 않지만
의식(—, 陽)의 세계로 다시
돌아옵니다. 점점 더 돌아올
수록 음과 양도 없는 무극의
세계로 돌아오게 될 것입니
다.

괘를 판단한 글인 단(彖)에 출입무질(出入無疾)이라 했습니다. 출입에 병이 없다는 것입니다. 사실 의식의 들고남이 있으면 부조화가 생기는 것은 필연적입니다.
와~ 성공이다!
콰당
그래서 옛말에 거문고를 켜지 않으면 몰라도 한 번 켜게 되면 아무리 훌륭한 연주라하더라도 부족함이 있기 마련이라 했던 것입니다.
줄이 튕겨진 이후에는 이미 늦었다는 것이지요. 그와같이 의식이 한 번 움직여 들고 남이 있으면 거기에는 부조화 즉 병이 생기기 마련인 것입니다.
그러나 근본에 뿌리를 두었기에 현상세계를 아무리 들고난다 하여도 부조화가 없으니 그것을 무질(無疾)이라 하였고,
초효(첫번 째 효)의 효사에서는 머지않아(근본으로) 돌아오니 후회가 없다(不遠復 無悔)라고 한 것입니다.

복괘의 형상을 설명한 상(象)에는 복괘를 "우뢰가 땅속에 있는 형상(雷在地中)" 이라 하였습니다. 이는 현상으로 드러나지 않은 세계이나 끊임없이 왕성한 활동을 하는 의식을 말합니다.
또 동지(冬至)에 폐관한다(至日閉關) 하였습니다. 동지는 만물이 숨을 죽이고 멈추어 있는 시기입니다.
오랫동안 숨죽여 기다려온 나무가…
모든 활동을 멈추고 외부로 향하는 감각의 문을 닫아 거는 (閉關) 시기이지요. 그것은 모든 주의가 내면으로 향하는 것을 의미하기도 합니다.
바로 이때, 드러난 삶인 음(陰)의 세계 즉 물질의 세계는 그의 근본인 의식의 세계, 즉 양(陽의) 세계로 돌아가 뿌리박을 수 있게 된다는 것입니다.
그 뿌리를 굳건히 내렸습니다.

돌아옴이 아름답다

복(復)괘 ②

六二는 休復이니 길하니라. 象曰休復之吉은 以下仁也라.
(두번 째 효인 육2는 돌아옴이 아름다워서 길하다. 상에 이르기를, 「돌아옴이 아름다워서 길하다」는 것은 인(仁)에 몸을 낮추기 때문이다)

하지만 근원이란 그곳을 떠나서는 우리가 존재할 수 없는 곳입니다.
우리는 근원을 한시라도 떠나있을 수 없습니다.
우리가 존재한다는 것 자체가 '근원에 뿌리박고 있다' 는 간접적인 증거이기 때문이지요.
그것은 마치 우리가 한국을 떠나 미국에 갔다가 다시 한국으로 돌아올 수는 있으나, 그 모든 과정 중에 한시도 지구를 떠나 있을 수는 없는 것과 같습니다.
아무리 벗어나려 해도 부처님 손바닥이구나.
한국
미국
'한국' 과 '미국' 은 지구라는 땅덩이에 선을 그어 만들어놓은 우리의 '생각' 일 뿐입니다.
내 땅!
이와같이 '생각' 속에서만 떠남과 돌아옴이 있습니다. 내가 나라고 여기는 것, 즉 '나는 한국인이다' 라고 여기는 것이 떠남과 돌아옴을 가능하게 만드는 것입니다.
저는 한국인입니다.
저는 남자아이 입니다.
제 이름은 우보 입니다.

그러니 사실
복은 복이 아닙니다.
왜냐하면 돌아올 곳이 따로 없기 때문입니다.
우리는 늘 그 자리에 있기 때문입니다.
이것이 바로 돈오(頓悟: 순간적인 깨달음)가 가능한 이유입니다.
근 원
그렇지 않다면 우리는 근원을 향해
멀고 오랜 수행의 길을 가야할 것입니다.
깨달음
쿠오오
내가 밟고 있는 것은 한국과 미국이라는 생각 속의 개념이 아니라 한시도 떠난 적 없는 땅덩이임을 아는 것, 이런 '순간적인 깨침' 은 늘 있어왔던 것입니다. 그는 어디에 있든 늘 '땅' 에 있으므로 순간적으로 '땅' 을 인식하는 것이 가능한 것입니다. 모든 '단계' 는 개념에서 벗어나기 위한 점수(漸修:점진적인 수행)에 대한 것입니다.
아~
모든 것이
선명해요

자기는 머나먼 미국에 와있다고 철저히 믿는 사람이 있습니다.
여기는 '애리조나' 야
그에게는 한국과 미국이라는 나라가 너무도 사실적으로 실존합니다. 결코 그 존재를 부인할 수 없습니다.
한국
정말 멀리 있군
미국
그런 사람에게는 우선 머나먼 타국이 아닌 자기 나라라 여겨지는 한국으로 가야할 필요가 있습니다.
고향에 가고 싶어
그것이 수신(修身)이 필요한 이유입니다.
그에게는 수행이 필요합니다.
난 견딜 수 있어~
그는 비행기를 타고서 록키 산맥을 넘고 태평양을 건너 '고향 땅' 에 도착해야 합니다. 가끔씩 그는 고향땅에 발을 딛습니다. 그리고 자신은 '땅' 이 아니라 '한국땅' 을 밟았다고 '생각' 합니다.
쪼옥~
신념이 강하고 믿음이 강한 사람일수록 많은 개념에 묶여 있으므로 그로 인해 수행이 필요합니다. 그래서 점수가 필요하게 됩니다.
단번에 산 정상에 오를 수는 없는 법!

이제부터는 모두 점수(漸修)에 대한 이야기입니다. 초구(初九:복괘 첫괘인 양괘, 주역의 괘중 양괘는 九로 음괘는 六으로 표현함)는 불원복(不遠復)이라 했습니다. 그는 늘 근원으로 되돌아옵니다. 멀리 가지 않습니다.
돈오와 점수가 하나인 자리입니다.
초구
공자는 나이 40에 불혹하였다고 하였습니다.
즉 그는 40이 되어 더 이상 인간의 말 또는 생각에 미혹되지 않게 되었다는 것입니다.
불
혹
그것이 불원복입니다. 말에 속는 사람은 쉽게 근원을 망각합니다.
불원복 하는 이, 그는 말에 휘둘리지 않습니다.
육2(六二)는 휴복(休復)이니 길하다 했습니다.
휴복은 그 돌아옴이 아름답다는 말입니다.
육2
상(象)에서는 '휴복이 길한 것은 어짐으로 낮추기(下仁) 때문' 이라 하였습니다.
그는 근원에서 한발 떨어져 있습니다만,
근
원
그러나 자신을 낮추기에 아름답게 근원으로 돌아옵니다.
그는 자신이 모른다는 것을 압니다.

공자의 말 중에 연교(燕敎)라는 것이 있습니다.
연 燕
교 敎
그 발음이 '지지배배 지지배배' 처럼 들려서 제비의 가르침이라 알려진 것으로 '지지위지지 부지위부지 시지야(知之爲知之, 不知爲不知, 是知也 : 아는 것을 안다 하고 모르는 것을 모른다 하는 것, 이것이 아는 것이다)' 가 그것입니다.
지지배배
지지배배
지난 2003년 미내사 심포지엄에서 바이런 케이티는 네가지 질문으로 사람들을 자유롭게하는 '워크(Work)'를 소개하였습니다.
당신에게 떠오르는 생각, 그것에 질문을 해 보세요.
바이런 케이티
그것을 '안다' 거나 당연하게 받아들이지 말고 의문을 가져 보세요.
예를 들어 '저 사람은 나를 무시한다' 와 같은 스트레스가 되는 한 생각이 일어날 때, 이때 네가지 질문을 합니다.
우씨~ 나를 무시하고 있군…

1. 그것은 사실인가?
2. 그것이 사실임을 절대적으로 알 수 있는가?
3. 그 생각을 할 때 나는 어떤 반응을 보이는가?
4. 그 생각이 없다면 나는 어떤 존재일까?
이 네가지 질문으로 많은 사람들이 자유로워 졌다고 합니다.
그녀는 떠오른 생각에 사로잡히기 전에 그것이 사실이라는 것을 진정 아는가라고 스스로에게 물어보라고 합니다. 이와같이 그녀는 '모른다'에서 시작합니다.
육2(六二)는 비록 음이지만 중정(中正)의 자리(복괘와 같이 하나의 대성괘는 3효로 이루어진 두 개의 소성괘로 이루어져 있고, 소성괘 각각의 중간효가 적절할 때 올바른 중앙의 자리, 즉 중정이라고 한다. 육2는 아래 소성괘의 중앙에 자리하고 있다)에 있습니다.
즉 모른다라는 것은 '음(陰)'의 특성을 지니지만,
중정
'모른다라는 위치에서 시작하는 것' 은 바로 그 시작의 올바름(中正)을 얻은 것이라 할 수 있는 것입니다.
올바름
이때 그는 휴복, 즉 근원으로 아름답게 돌아갈 수 있습니다.
아~

절실함이 약해지다

복(復)괘 ③

六三은 頻復이니 厲하나 無咎리라. 象曰頻復之厲는 義無咎也니라.
(자주 돌아온다. 위태로우나 허물이 없을 것이다. 상에 이르기를, 자주 돌아오는 것의 위태로움은 의리가 허물이 없는 것이다)

이 표현을 통해 절실함이 약해져 있는 육3의 단계를 짐작할 수 있습니다.
반성 합니다.
육 3
앞에서 우리는 '한국' 과 '미국' 이 지구라는 땅덩어리에 금을 그어 구별해놓은 '생각' 또는 개념일 뿐이며, 우리는 늘 근원, 즉 땅에 머무르고 있으나
한국과 미국사람이라는 '생각' 차원에 있기에 점수(漸修)가 필요하다는 이야기를 했습니다.
한국
정말 멀리 있군
미국
그런데 '선정과 지혜' 라는 것도 개념이며, 우리의 생각 속에만 있는 것이라고 한다면 어떨까요?
근원으로 돌아감에는 절실함이 가장 큰 힘입니다.
헌데 육3의 수련자는 '선정과 지혜' 라고 나누어 놓고 쌍수(雙修:함께 닦음)해야 한다고 말하기 시작합니다.
선정
지혜

아는 것과 실천하는 것, 이렇게 둘을 나누는 단계에 오면 벌써 절실함이 약해져 있다고 볼 수 있습니다.
풀리지 않는 의문에는 지혜와 선정을 나누고 있을 여유가 없기 때문입니다.
뭐하고 있는 겁니까?
이녀석을 둘로 나누고 있어요.
부르르르
또 같은 책에서 육3은 자로(子路)와 같다고 하였습니다.
육
3
=
자로는 공자의 제자 중 용감한 사람으로 행동에 빠른 사람입니다.
제가 자로 입니다. 저는 빠릅니다.
용감한 사람은 또한 두려움이 많은 사람입니다. 그 두려움을 극복하고자 하는 동인(動因)이 남들보다 더 컸기에
스승님 저만 믿으세요!

자연히 그의 주의는 용감함 쪽으로 옮겨갔던 것이겠지요.
호랑이를 만나도 정신만 차리면 살 수 있다고..!
으르릉
그와같이 근원으로 돌아감에 있어 절실함이 약해지면 쉽게 지치고 두려워지게 됩니다. 이들은 용감을 통해 종종 다시 돌아옵니다.
이것을 빈복이라 하겠습니다.
우리 모두에겐 균형감각이 있습니다. 그것은 타고난 것입니다.
그러나 그것을 발견하는 일은 쉽지 않습니다.

어떤 이가 자전거를 배우려고 할 때 자전거가 두려운 것은, 탈 줄 모르면서도 일단 올라 앉아 움직여야 한다는 점 때문입니다.
그래야만 '균형'을 발견할 수 있으니까요.
그러나 육3은 '움직임 속에 저절로 드러나는 균형감각'이라는 말을 도저히 이해할 수 없습니다. '이해하지 못한다'고 해서 균형감각이 없는 것은 아닙니다.
이해하든 못하든, 태어나는 순간부터 그는 균형감각을 타고 난 것입니다.
휘청
거기에 대한 믿음이 없기에 두려울 뿐입니다.
그렇게 자전거를 타보려다 포기하는 이들은...
'이봐, 균형이라는 것이 나에게 있다고? 그런 것은 없어. 있다해도 그것은 아무나 터득하는 것이 아니야'
...라며 뒤돌아 섭니다. 그는 '균형'이 이미 우리 안에 갖추어져 있다는 것을 스스로 부인합니다.
흥

처음 자전거를 타는 사람은
왜 쓰러질까요?
어이쿠..
그의 주의가 두려움에 가있기 때문입니다.
또 넘어지면 어떡하지..?
갑자기 자동차가 튀어 나오면 어떡하지..?
그가 만일 '균형' 이란 무엇일까에 모든 에너지를 쏟는다면
아주 빨리 자전거를 탈 수 있게 될 것입니다.
균형이란 이런 거구나..
왜냐하면 우리가 배우고 터득하는 것은 균형이 아니고 '이미 갖추어져 있는' 균형을 발견하는 것이기 때문입니다. 그러나 육3에게 딜레마는 '균형은 균형잡히지 않은 것을 통해서만 드러난다' 는 점일 것입니다.

근원의 상태를 향한 육삼의 노력도 그와 같습니다. 그는 자신이 근원의 상태에 있다는 것을 알기 위해 갈림길에 서보아야 합니다.
백척간두에 서보아야 합니다. 그때 근원의 상태는 드러날 수 있습니다.
백척간두에 서면 끊임없이 흔들립니다. 이쪽 극에서 저쪽 극으로 가기를 반복합니다.
우리의 일상에서 백척간두란 어떤 곳입니까?
자신이 한계라고 '생각' 한 것은 무엇이든 백척간두입니다.
'못한다', '할 수 없다' 라고 여기는 것, 그러한 자신의 한계를 자꾸 넘어가본 사람은 자신도 모르게 자신이 뿌리박고 있는 '한계없는' 근원에 도달하게 됩니다.
최근에 알게 된 한 선생님은 학교에서 성적이 낮은 아이들에게 푸시업 500개 하는 법을 가르친다고 합니다. 그 선생님은 이렇게 말합니다.
"어차피 몸은 500개를 할 수 없습니다. 마음이 하는 거지요."
그래서 그 이름이 영혼의 푸시업입니다.

처음엔 도저히 가능할 것 같지 않다고 여기던 아이들이 500개를 해낸다고 합니다.
498
휙
휙
499
나는 나를 꺾었다.
무엇을 해도 잘할
수 있을 것 같아!!

그분은 아이들에게 '자기' 라는 한계를 넘는 법을 가르치고 있었던 것입니다.
선생님..!
선생님
감사합니다..

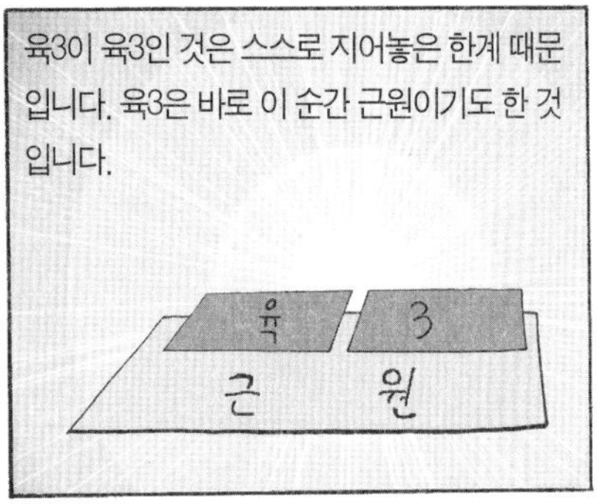
육3이 육3인 것은 스스로 지어놓은 한계 때문입니다. 육3은 바로 이 순간 근원이기도 한 것입니다.
육
3
근
원

그러므로 이렇게 한 번 두 번 '자신' 이라는 한계를 넘다보면
어느 순간 '한계없음' 에 이르게 됩니다.

아니, 한계없음이 늘 함께 하고 있었음을 알게 됩니다.
힘들고 어려운 일에 자꾸 맞부딪혀 보면
가장 힘들고 고통스럽다고 느껴지는 순간에도
아주 평온한 이가 동시에 있음을 느끼게 되는 것과 같습니다.
육3은 근원을 향해 끊임없는 시도를 해야 합니다.
어려움을 통해 가야하는 단계입니다.
그런 위치에 자신이 처해있음을 말해줍니다.
근원
육3
그것이 빈복(頻復) 입니다.
멈추지만 않는다면 그는 모든 흔들림 속에서도 자신이 전혀 흔들리지 않고 있음을 보게 될 것입니다.

무한을 향해 열린 창

복(復)괘 ④

六四는 中行호대 獨復이로다. 上曰中行獨復은 以從道也라.
(함께 가다가 혼자 돌아왔다. 상에 이르기를, 「함께 가다가 혼자 돌아왔다」함은 도(道)를 따르기 때문이다)

육4부터는 전체 흐름이 조금 달라집니다.
주역에서 하나의 대성괘(大成卦)는 여섯 개의 효로 이루어지고, 그중 아래 세 효와 위의 세 효를 각각 소성괘(小成卦)라 합니다.
대성괘
6효
소성괘
소성괘
아래 소성괘는 보이지 않는 세계, 내면, 양의 세계, 에너지의 세계, 사회의 피지배계층을 나타낸다면
위의 소성괘는 보이는 세계, 표면, 음의 세계, 물질적 세계, 사회의 지배계층 등을 대변합니다.
복괘의 육4는 위의 소성괘 중 하나이므로 사회적인 측면에서 보면 지배계층에 속합니다.
육
4
위의 세효는 음의 특성, 즉 물질적 특성이 강한 반면,
아래 세효는 양의 특성 즉 정신적 특성이 강한 자리라고 했습니다.

주역은 음의 자리에 음이 있고, 양의 자리에 양이 있는 것을 좋게 보는데…
그 일예로 위의 세효 자리에 음(☷)이 오고, 아래 세효 자리에 양(☰)이 온 괘를 주역 64괘 중 가장 안정된 지천태(地天泰),
즉 크게 태평하고 안정된 괘라고 이름한 것입니다.
오! 지천태다.
언뜻 생각하기에 하늘이 위에 있고 땅이 아래에 있어야 만물이 편안하고 제자리에 있는 듯이 생각되지만
하늘은 위 땅은 아래
그리되면 위로 향하려는 하늘과 아래로 향하려는 땅의 고유한 특성 사이에 교감이 일어나지 않고 서로 등을 돌려 삶은 꽉 막히고 마는 것입니다.
그래서 이것을 하늘이 위에 땅이 아래 있는 천지비(否) 괘라 합니다.

다시 정리해서
그림으로 나타내면
다음과 같습니다.
외부적, 물질적 - 음, 물질적 현실, 보이는 세계, 사회적 지배계층, 얽매임이 강해짐
내부적, 근원적 - 양, 의식적, 보이지 않는 세계, 사회적 피지배층, 자유로움.
물질적 부나 권력, 명예와 같이 뭔가 보이는 세계를 추구하는 음의 특성을 가진 이들은
그들의 에너지 대부분이 쌓아두려 하고, 가시적인 것에서 안정을 찾으며,
그로 인해 물질화를 지향하게 됩니다.
따라서 사회적으로는 지배계층을 향해 있습니다.
지배계층
3%
반면 그런 것을 중요시하지 않는 이들은 양의 특성을 가지며
사회적, 물질적으로 피지배계층으로 남는 경향이 있습니다.
이들에게는 피지배와 지배의 의미가 크게 중요하지 않기 때문에
꼭 지배계층으로 가야겠다는 힘이 약하다 하겠습니다.
3%
개의치 않아!

그보다는 보이지 않는 세계에 더 많은 에너지를 쏟는 것이지요.
이를 통해 보면 사회적 지배계층은 그만큼 근원으로부터 멀어져 있다는 것이 이해가 될 것입니다.
흔히들 정치가를 가장 낮은 의식수준을 가진 이들이라고 말하는 이유가 이 때문이 아닐까 합니다.
무슨 소리!!
이렇게 육4는 사회적으로 보아 지배계층에 속하며, 내면보다는 표면에 속하고, 미세한 에너지의 세계보다는 보이는 물질적 세계에 더 많이 초점이 맞춰져 있어
양의 세계보다는 음의 세계와 가까운 현상을 보입니다.
물질 90%
그의 90%가 물질세계에 담겨있습니다.
독복(獨復)!, 홀로 돌아옵니다.
근 원
친구들은 세상을 향해 난 넓은 길로 모두 가버리는데 혼자만 근원을 향해 돌아오는 형상입니다.

이렇게 육4(六四)의 90%는 물질세계에 초점이 맞춰져 있기에, 보이는 세계인 사회의 지배층에 속하며 물질적 풍요를 누립니다. 그러나
물질적 성공
허전해
그의 나머지 10%가 끊임없이 자신의 가슴을 허전하게 합니다.
주역 선해에서는 육4(六四)를 거백옥(據伯玉)과 같다 하였습니다.
주역선해
거백옥은 중국 고대 위나라의 부호이자 대부이면서도 항상 자신을 반성하고 개선해가려 했던 사람으로 유명합니다.
반성합니다.
그는 무엇하나 부족함이 없었지만 끊임없이 개선하려 했습니다. 뭔가 말로 할 수는 없는 '하나'가 부족했던 것입니다.
뭘까?
뭐가 부족한거지?
그래서 이 '하나'는 잊혀지지 않는 사랑의 상처와도 같이 그를 홀로 돌아오게 합니다.
손가락 끝에 눈에도 보이지 않는 미세한 가시 하나가 온 몸의 주의를 끌어당기듯이 말입니다.
그것이 독복입니다.

육4는 그와 같은 상황에 처해있습니다.
근원
그 끌어당김은 근원에의 갈망입니다.
그것은 가보지 않은 좁은 길을 향한 갈망이며,
멀뚱~
멀뚱~
영혼의 깊은 밤 잠 못 들게 하는 일깨움입니다.
이것은 굳게 닫힌 존재의 근원을 향해, 빗장을 열어달라고 가냘프게 소리치는 작은 새입니다.
육4가 독복하는 것은 늘 잊혀지지 않는 그것을 향해서 입니다.
잊혀지지 않아
바로 그것이 육4의 내면에 존재하는 보물인
무한(無限)을 향해 열린 창(窓)인 것입니다.
알아차리지는 못하지만 허전한 그 부분은
그로 하여금 늘 무한을 응시하게 하고 있는 것 입니다.

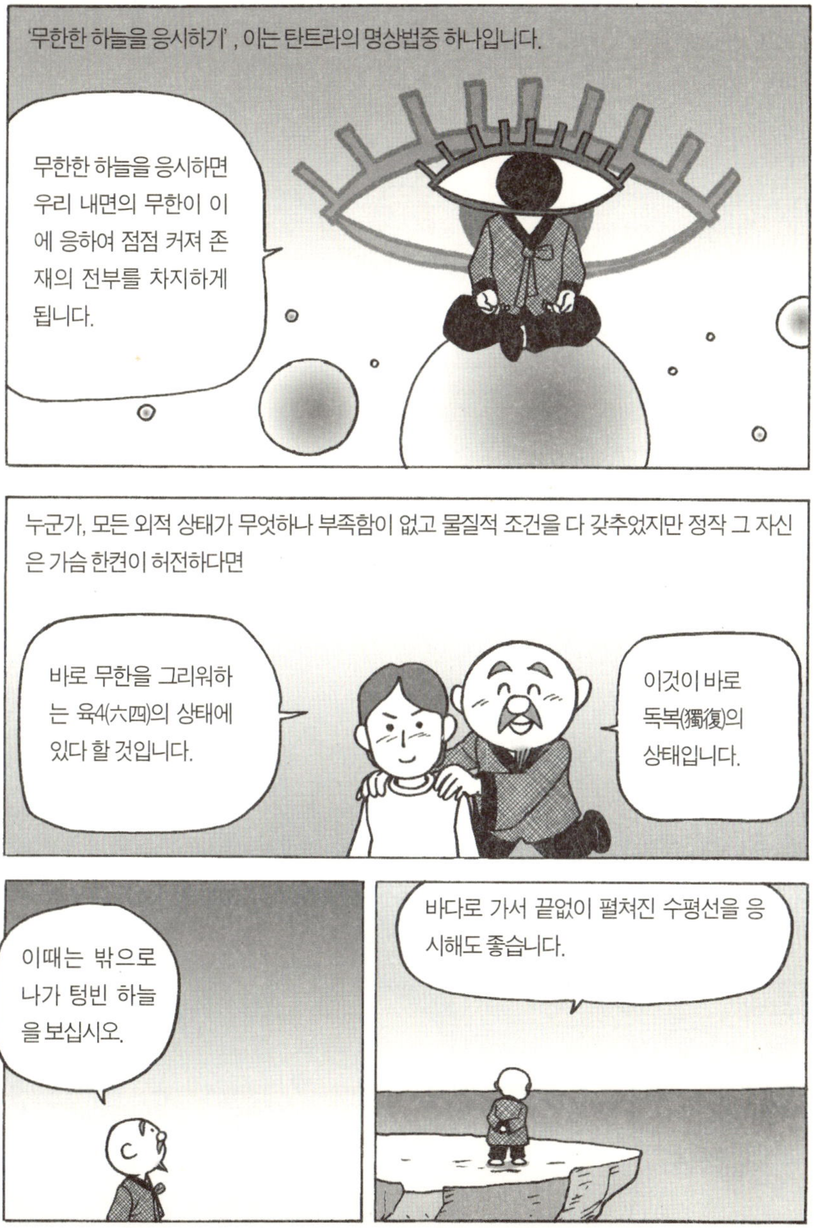
'무한한 하늘을 응시하기', 이는 탄트라의 명상법중 하나입니다.
무한한 하늘을 응시하면 우리 내면의 무한이 이에 응하여 점점 커져 존재의 전부를 차지하게 됩니다.
누군가, 모든 외적 상태가 무엇하나 부족함이 없고 물질적 조건을 다 갖추었지만 정작 그 자신은 가슴 한켠이 허전하다면
바로 무한을 그리워하는 육4(六四)의 상태에 있다 할 것입니다.
이것이 바로 독복(獨復)의 상태입니다.
이때는 밖으로 나가 텅빈 하늘을 보십시오.
바다로 가서 끝없이 펼쳐진 수평선을 응시해도 좋습니다.

존재의 자유를 찾으려는 이는 이렇게 외칠지도 모릅니다.
일일불시무한(一日不視無限: 하루라도 무한을 응시하지 않으면),
심중생형극(心中生荊棘: 마음에 가시같은 생각이 자란다)
이렇게 매일매일 외부의 무한을 바라봄으로써 내부의 무한을 일깨우는 것입니다.
그러면 외부의 무한에 공명하여
무한
무한
내부의 무한이 눈을 뜨기 시작합니다.
일상에서 경험할 수 있는 무한은 어떤 것이 있을까요?
라디오를 켰다가 갑자기 꺼보십시오.
거기에 무한한 침묵이 늘 자리하고 있음을 알게 됩니다.
이른 아침에 일어나 소리없는 욕실로 가서 이를 닦습니다.
치카 치카
그러다가 갑자기 멈춰봅니다.
침묵……
소리가 있다가 없어진 상태, 거기에 무한이 있습니다.

소리는 바로 이 무한한 침묵을 바탕으로 꽃피고 있는 것입니다.
그와 같이 안이비설신의(眼耳鼻舌身意)의 모든 작용은
무한을 바탕으로 현상화하고 있습니다.
이 '멈춤' 기법을 가장 잘 사용한 것이 구제프입니다. 그는 자유로이 움직이고 소리내는 제자들에게 불시에 'stop' 이라고 소리침으로써 그들로 하여금 안팎에서 일어나던 모든 색성향미촉법(色聲香味觸法)이라는 현상을 넘어가게 하였습니다.
Stop
그러자 그들에게서 무한이 드러났습니다. 색성향미촉법의 파도가 끊임없이 일렁이는 그곳을 넘어서면 무한의 바다가 드러납니다.
요즘 아이들이 하는 놀이에 '얼음 땡' 이라는 것이 있습니다.
얼음!
땡!
얼음! 하고 한 아이가 소리치면 다른 아이들은 모든 동작을 멈추고 숨마저 죽입니다.
얼음!
이는 시간이 멈춘 것과 같아서 움직임과 변화, 모든 현상이 멈춥니다.

이때 그가 무한을 본다면 다른 차원이 열리게 될 것입니다.
아이들의 그 놀이는 바로 무한체험 놀이입니다.
그것은 마치 자동차의 기어가 1단에서 2단으로 넘어갈 때 모든 동력전달 체계가 순간적으로 끊어지는 중립모드에 이르는 것과 같습니다. 이때 자동차는 여전히 움직이지만 그는 멈춰 있습니다.
이와같이 모든 차원변형의 한가운데에는
안이비설신의(眼耳鼻舌身意)라는 한계(限)의 '멈춤', 즉 무한(無限)이 있습니다.
왠지 모르게 가슴이 아프고 시린 날은 무한을 응시하는 날로 정해보십시오.
당신 존재의 핵심이 그 심연의 창(窓)을 향해 포효하고 있는 것이니까요.

가지 않은 그 길, 무한을 향한 그 길을 달리고 싶어서입니다.
그것이 독복입니다.
모든 것이 다 갖추어져 있다해도 이 길에 들어서지 않는 한 여행은 끝나지 않습니다.
궁극의 여행길,
그것이 독복입니다.
하루에 한번씩 나가서 무한한 하늘을 보십시오. 그리하여 내면의 무한이 눈을 뜨고 자신을 가득채울 때까지…
그때 무한은 안팎을 막론하고 늘 사방에 두루 퍼져있으며, 종국에는 무한만이 있어 왔음을 알게 될 것입니다.

흐르는 물을 쌓아놓으려 하다

복(復)괘 ⑤

六五는 敦復이니 無悔하니라. 上曰敦復無悔는 中以自考也라.
(돈독하게 돌아온다. 뉘우침이 없을 것이다. 상에 이르기를, 「돈독하게 돌아와서 뉘우침이 없다」함은 중도(中道)로서 스스로 이루는 것이다.

육5의 효사는 돈복(敦復)입니다.
돈독하게, 독실하게, 두텁게 돌아온다는 말입니다.
돈
복
육5는 보이는 세계에서 최고의 위치에 있기는 하지만 음(陰)이므로 순하며,
중(中-위 세효의 가운데)에 위치하므로 치우치지 않습니다. 정자(程子)는 이를 중순(中順)이라 하였습니다.
저는 '순'해요~
최고의 위치에 있으나 음인 육5는 독실한 사람입니다.
위엄을 갖추고 겸손하며 신심이 두터운 왕인 것입니다.
이는 독실한 불교도였던 양무제와 같습니다.
선한 공덕을 쌓아야지
그는 즉위한 후 무수히 많은 절을 세우고 경전을 출판하였으며 승려들에게 공양을 하였습니다.
그가 그렇게 하는 것은 자신을 완벽히 하기 위함입니다. 자신에게 부족한 2%를 채우기 위함입니다.
그래서 달마대사를 만났을 때 묻습니다.
'이 모든 것에 어떤 공덕이 있습니까?'

그러자 달마대사는 '無!' 라고 말합니다.
無!
육5는 독실함을 통해 근원으로 돌아오고자 애쓰지만 초점이 맞지 않습니다. 이는 마치 수많은 얼음덩이들을 쌓아올리며 '언제 물이 됩니까?' 라고 묻는 것과 같습니다.
그는 자신이 곧 물이라는 것을 보지 못하고,
얼음을 많이, 독실하게 쌓으면 물이 되는데 도움이 되는 줄 알고 있는 것입니다.
이것이 음의 특징입니다.
물을 흐르게 두지 않고 보이고 만질 수 있게 만들어 쌓아두는 것,
그리고는 거기서 물을 찾는 것입니다.
그래서 육5의 효사는 돈복무회(敦復無悔:독실하게 돌아오나 후회없음 정도이다) 입니다.
돈복
무회
복괘 각 효사의 판단을 살펴보면…
1효부터
원길(元吉:크게 길함)
길
(吉:길함)
무회
(無悔:후회없음)
흉(凶)
무구
(無垢:잘못이 없음)
종도
(從道:도를 따름)
즉 육4까지는 길함이나 도에 가깝지만 육5부터는 후회나 흉함에 가까운 부정적인 평가로 바뀝니다.
육5는 아무리 독실하여도 잘되어야 '후회없음' 정도라는 것입니다.

크게 나누어 두 종류의 경향을 사람들은 가지고 있는 듯합니다.
끌어와 품으려는 사람과 뻗어나가 발산하려는 사람입니다.
그것을 귀납인과 연역인이라는 용어로 풀어보겠습니다.
귀납인
연역인
육4까지는 연역적 인간이라면 육오부터는 귀납적 인간이라 할 수 있습니다.
연역(演繹)이란 하나의 원리를 체험하여 그 하나를 통해 수만 가지 경험과 사례들로 풀어 나아가는 것입니다.
원리
경험
귀납은 수만 가지 경험과 사례를 통해 수렴하여 거기서 자연스레 하나의 원리를 알게되는 것입니다.
경험
원리
그래서 귀납은 구체적이고 경험적이며 실증적이고 현실적입니다.
그에 비해 연역은 막연하고 추상적이며 이치적이고 공허합니다.
귀납=구체적
연역=막연
지난 글에서 위의 세효는 음의 자리이고 아래 세효는 양의 자리라 했습니다.
여기에 비유를 해 보면 귀납인은 위의 세효인 음의 자리에 있는 이들의 특징이고
귀납인
연역인
연역은 아래 세효인 양의 자리에 있는 이들의 특징이라 할 수 있습니다.
위파사나나 아봐타, 회광반조법, 선(禪) 등이 연역적 인간에게 맞다면
위파사나
아봐타
회광반조법
선(禪)
연역인

호흡수련이나 NLP, 헌신 등은 귀납적 인간에게 맞다 할 것입니다.
호흡수련
NLP
헌신
귀납인
연역적 인간이 램(ram)을 잘 쓴다면 귀납적 인간은 저장장치인 하드 디스크(storage)를 잘 씁니다.
그래서 귀납인은 기억을 잘 하는 반면 연역인은 원리를 잘 찾아냅니다.
귀납인은 모아들이고 쌓아놓으며 구심력(求心力)을 특징으로 합니다.
연역인은 내쏟으며 발산하고 원심력(遠心力)을 특징으로 합니다.
따라서 귀납인은 음(陰)적이고 연역인은 양(陽)에 가깝습니다.
귀납인
연역인
이것을 불교의 이(理)와 사(事)에 비유하자면
이치(理)를 궁구하는 이들은 아래 세효에 해당하고,
세속적이며 일(事)을 중시하는 이들은 위의 세효인 음에 해당한다 하겠습니다.
事
理
그러나 근원은 이 둘을 모두 초월합니다.
그것을 이사무애(理事無碍)라고 합니다.

다시 정리하면…
위의 음의 자리는 구체적, 현실적, 가시적이며 따라서 귀납인(歸納人)에 적당하여 모아들이고 쌓아놓으며 구심력을 특징으로 합니다.
음의 자리
구체적
가시적
현실적
아래 양의 자리는 추상적, 이치적, 공허함, 불가시적이며 따라서 연역인(演繹人)에 적당하고 내뿜으며 발산하고 원심력(遠心力)을 특징으로 합니다.
추상적
공허함
이치적
불가시적
이것으로 보아 연역인은 理를 중시하고 귀납인은 事를 중시한다고 할 수 있을 것입니다.
理
事
그러나 이도 사도 결국은 드러난 현상이기에 불교에서는 이 모두에 걸림이 없는…
이사무애(理事無碍)를 말하는 것입니다.
사(事)는 일(세속적인 일)의 의미이지만 섬기다라는 뜻도 있습니다. 사람의 섬김에는 핵심이 빠져 있기 쉽습니다.
양무제가 독실하게 섬기며 공덕을 쌓는 것은 눈동자가 있어야 하늘로 올라갈 수 있는 용그림 그리는 것(畵龍點睛)과도 같습니다.
그는 커다랗고 활기에 찬 용을 열심히 그립니다.
그러나 그것은 눈동자가 없기에 그림으로 남습니다.
아무리 커다란 용이라 하더라도 그림으로 남는 용은 날 수 없습니다.

공덕을 아무리 많이 쌓고 믿음이 크다해도 그것은 단지 후회없는 일 정도로 그치고 마는 것입니다.
공덕
그러나
그 공덕 쌓음이 의심 하나 없는 헌신이라면 이는 그 어떤 원리 탐구보다도 더 빠르게 진리에 도달할 수 있습니다.
아니 장애의 막을 걷어냅니다.
마태복음 8장 8절에 중풍에 걸린 하인을 낫게 하기 위해 예수에게 온 백부장은 예수의
"내가 가서 고쳐주리라"는 말에
"말씀으로만 하옵소서. 그러면 내 하인이 낫겠나이다" 라고 합니다.
예수는 그 믿음에 감탄합니다.
이스라엘 중 아무에게서도 이만한 믿음을 만나보지 못하였노라
또 인도경전에는 크리슈나신에 대한 미라바이 공주의 헌신에서 헌신의 놀라움을 잘 표현해내고 있습니다.
이렇게 육5는 섬김과 헌신을 통해 가기 좋은 위치입니다.
그것이 그가 가야할 길입니다.
육 5
일상에서의 헌신은 어떤 것일까요?
사랑의 감정을 증폭하는 것입니다.
사랑

그것이 이성이든 부모든 형제자매나 친구든 일이든 말입니다.
그가 원하는 것을 해 주고 싶고, 원하는 곳에 데려가고 원하는 것을 먹게 해줍니다.
그가 원하는 것이라면 무엇이든 최고의 정성으로 해줍니다.
그러면 이때 육5에게서는 섬세하고 거대한 에너지가 나오기 시작합니다.
육 5
그러나 그렇다 하여도 그 에너지는 모두 눈동자 없는 그림을 그리는 것이며, 얼음을 쌓아 물을 찾는 것과 같습니다.
커다란 헌신을 통해 육5에게서 거대한 에너지가 나오기 시작했을 때 이제 그에게 필요한 것은 눈동자입니다.
그 에너지에 눈동자만 그려 넣으면 그는 용이 되어 승천하는 것입니다.
그것이 돈복입니다.
그 눈동자는 어디에서 올까요?
인도의 성자 라마크리슈나의 제자중에 한 여인이 있었습니다. 그녀는 나이가 많아져 브린다반으로 가서 조용히 남은 여생을 살고자 했습니다.

그러나 그녀는 딸을 너무도 사랑하고 있었기에 늘 딸에 대한 생각으로 가득차 있었습니다.
그래서 라마크리슈나는 말하였습니다.
너는 딸을 너무 사랑하고 있다. 그러므로 네가 어디를 가든 딸에 대한 생각이 너를 압박할 것이다. 브린다반으로 가더라도 너의 마음은 언제나 딸의 집 주변을 맴돌 것이다.
그러나 딸을 여신으로 생각할 수만 있다면 시골의 삶은 아주 좋은 삶이 될 것이다.
네가 사랑할 수 있을 때까지 딸을 사랑하라. 그에 헌신하며 마음껏 딸을 보살펴라. 그러나 이러한 행동을 통해서 여신을 예배하고 공양한다고 생각하라.
육5의 신심이 아주 독실해져 섬세하고 거대한 에너지가 나오기 시작하면 그는 이제 스승의 모든 것을 받아들입니다.
육 5
이때 그가 만일 '네게 떠오르는 모든 생각, 감정, 느낌은 네가 아니라 네게서 떠오르는 것이다.' 라는 한 마디를 듣는다면 그는 그 말을 온전히 믿게 될 것입니다.
아~ 그렇구나!

그 믿음은 곧 '앎' 이 됩니다.
나는 평화를 찾았어
연역인인 육2, 육3, 육4가 '어째서 그런가' 하고 이치를 따지기 시작할 때 귀납인인 육5는 믿음의 힘으로 즉시 자신의 견해를 바꿉니다.
왜? 어째서?
?
?
?
!
연역인
귀납인
모든 '믿음' 에는 한치의 의심이 있게 마련이지만 이제 육5의 믿음과 독실함에는 의심이 없습니다.
그때 믿음은 앎이 됩니다.
믿음 = 앎
연역인들이 수많은 세월을 거쳐 이치를 따지고 원리를 궁구할 때
독실한 믿음과 헌신하는 사람인 귀납인은 한순간에 그의 견해를 바꾸어 버립니다.
그렇군!
그것이 독실한 믿음의 힘입니다. 믿음이 '그' 보다 더 커졌기에 '그' 를 바꾸어 버린 것입니다.
사실은 '견해' 가 바로 '그' 였기에, 모든 견해가 자신에게서 떠오른 상(相)임을 알자 그 견해를 넘어서게 된 것입니다.
견해
상(相)

이것이 돈복입니다.
그가 일상에서 헌신의 대상을 찾고 그 헌신의 마음을 증폭하여 그것이 거대해지면,
사람들이 흘려 하는 한마디 말, 자연에서 보는 한줄기 바람이 궁극의 이치를 그에게 말해줄 것이며, 그 이치를 통해 그의 거대한 신심은 존재의 변형을 이룰 것입니다.
세상에는 크게 나누어 2가지의 종교가 있습니다. 하나는 불교와 같이 이치를 궁구하는 지혜의 종교이고, 다른 하나는 기독교와 같이 자신을 바치는 헌신의 종교입니다. 그것을 힌두교에서는 즈나니 요가와 박티 요가라고 하였습니다.
지혜의 종교
즈나니 요가
헌신의 종교
박티 요가
육5는 헌신의 종교, 즉 박티 요가에 더 쉽게 다가갑니다.
그것이 그로 하여금 돈복하게 합니다.
육
오
헌
신
헌신! 그것은 육5가 순식간에 진리를 관통하게 하는 거대한 힘입니다.
그것이 돈복입니다.

일시적인 권위를 쓰라

복(復)괘 ⑥

上六은 迷復이라. 凶하니 有災眚하야 用行師면 終有大敗하고 以其國이면 君이 凶하야 至于十年이 不克征하리라. 上曰迷復之凶은 反君道也일세라.

(미혹되게 돌아온다. 흉하다. 재앙이 있을 것이다. 군사를 움직이면 크게 패해서 누(累)가 국군(國君)에게까지 미칠 것이니 흉하다. 10년에 이르러도 정벌할 수 없을 것이다. 상에 이르기를, 돌아오는 것을 방황하는 것의 흉함은 임금의 도(道)에 반대되기 때문이다.)

그는 놀라운 체험도 했고, 다른 차원의 존재들과 교통하기도 하며 황홀경에 빠지기도 합니다.
육5(六五) 이하에서 보기에는 놀라운 능력의 소유자입니다.
우와~ 대단하다.
그러나 상육은 놀라운 능력의 '소유자' 로 남습니다. 능력이란 근원에 덧칠해진 색깔이며, 현상입니다. 그로 인해 미복이라 불립니다.
상육의 효사는 미복(迷復)이라 흉(凶)하니 유재생(有災眚)하여 용행사(用行師)면 종유대패(終有大敗)라 하였습니다.
미 복
미복, 즉 미혹되어 돌아옴은 흉할 뿐 아니라 재앙이 된다는 것입니다.
흉은 자신에게만 해당되나 재앙은 주변에까지 해를 끼침을 나타냅니다.
재 앙
그가 군사를 일으켜 대패하였다 함은 어찌되었든 군사를 움직일 힘을 가지고 있다는 것입니다.
그러나 크게 패합니다. 그 힘의 행사가 도(道)에 맞지 않아 근원에서 아주 멀어졌기 때문입니다.
미 복
근 원
그는 근원에 돌아오려 하나 미혹되게 돌아옴으로써 도리어 자신 뿐 아니라 주변에까지 해를 끼치게 됩니다.

이는 카리스마와 권위를 가지고 숭배 받는 한사람에게서 많이 볼 수 있습니다.
카리스마
권위
그를 숭배하는 이들은 그 시작이 근원을 향해 있었으나 미복한 한사람의 독재적 권위로 끝나고 맙니다.
하하하
나를 따르라
이렇게 재앙을 일으키는 미복한 상육의 탄생 과정을 켄 윌버는 신흥종교를 논하면서 잘 설명해 줍니다. 그에 의하면
이 사람들은 처음 자아실현과 자아초월이라는 상위영역에 관심을 가지고 출발합니다. 그러나 점차 개체성은 사라지고 '집단에고' 가 충성을 요구하기 시작합니다.
켄 윌버
이로부터 미혹된 지도자의 첫 번째 기준인 '이성이 사라진 상태' 로 추락하게 됩니다. 그러면 이때부터 권위자는 일시적이 아닌 '영속적 권위' 를 추구하는 단계가 시작되는 것입니다. 그리고 그 권위자는 집단의 정당성을 판단할 유일한 자로 인식되게 됩니다.
켄 윌버의 이 설명은 자신에게 흉하고 주변에겐 재앙을 일으키는 미복한 상육을 아주 잘 설명해주고 있습니다.
켄 윌버는 이와 같은 이의 가장 전형적인 인물로 집단의 자살을 유도한 미국 신흥종교단인 존스타운 사건을 예로 듭니다. 존은 '아버지' 로 불리며 결국 신도들을 모두 죽음으로 몰아갔습니다.

진정한 스승은 제자에게 일시적인 권위만을 가질 뿐입니다. 제자가 자신의 본성을 꿰뚫는 순간 스승의 권위는 사라지며 두 존재는 동등해집니다.
왜냐하면 원래부터 모두는 동등했기 때문입니다.
토마스 머튼 신부는 묵상의 씨앗(Seeds of contemplation)에서 이렇게 말합니다.
'나에게 있어 성인(聖人)이 된다는 것은 나 자신이 되는 것을 의미한다. 그러므로 성성(聖性:Sanctity)과 구원(Salvation)의 문제는 사실상 내가 누구인지를 찾아내는 문제, 즉 진정한 자아를 발견하는 문제이다'
토마스 머튼
숭배와 충성이 아닌 것입니다. 진정한 상육은 제자가 자신의 본성을 보고 독립하도록 하는 것에 초점을 맞춥니다.
이제 하산 하거라~
상
육
몇몇 신흥종교에서와 같이 영속적인 권위를 가지는 카리스마 있는 한 사람이 제자를 거느리는 모습이 아니라는 것이지요. 제자를 의존하지 않고 독립하게 하는 것, 이것이 상육이 미복을 벗는 길입니다.

자신의 스승을 미혹된 상육으로 만들지 않는 진정한 제자도 필요합니다. 이러한 진정한 제자들의 모습을 우리는 선사(禪師)들의 일화에서 종종 봅니다.
그 면모를 가장 잘 보여주는 이는 조동종(曹洞宗)의 창시자인 동산(洞山)선사입니다.
어릴 때 출가한 동산은 스승이 가르치는 반야심경의 '무안이비설신의(無眼耳鼻舌身意)' 를 듣고 돌연히 얼굴에 손을 얹으며
'나는 눈 · 귀 · 코 · 혀 등이 있는데 어찌하여 경전에서는 그것이 없다고 합니까?'
라고 스승에게 물었습니다(念般若心經, 至無眼耳鼻舌身心意處, 忽以手把面, 問師曰, 某甲有眼耳鼻舌等, 何故經言無?).
그는 경전의 권위에도 스승의 권위에도 아랑곳 하지 않고 자신이 이해하지 못하는 부분에서는 물러나지 않는 자주성을 가지고 있었던 것입니다.
그는 아직 미숙했으나 그럼에도 스승을 미혹된 상육으로 만들지 않는 진정한 제자의 모습을 보였습니다.
궁금한 건 당연히 물어 봐야지!
미복은 '도달해야 할 곳이 있다' 고 가르칩니다.
'무엇이 되어야 한다' 고 이야기 합니다. '잡아낼 수 있다' 고 말합니다.
미
복

그러나 미혹되지 않은 이는 그 어디에도 '도달해야 할 곳이 없음' 을 말하며 우리는 항상 그 상태에 있다고 말할 것입니다.
쯧쯧쯧
이는 비유가 아니라 사실인 것입니다. 그는 제자들에게 그들이 변해야 하는 것이 아니라 단지 눈치채야할 뿐이라고 말합니다.
이미 와있지 않은가?
?
?
잠에서 깨어나면 제자들도 똑같다는 것을 아는 상육은 더 이상 미복(迷復)하지 않을 것입니다.
Z z z
꾸벅
꾸벅
임제선사는 잡을 수 없는 바로 그 점을 너무도 강력하게 이야기했습니다.
"그대들은 허둥지둥 분주하게 여러곳을 돌아다니며 무슨 물건을 찾으려고 발바닥이 닳도록 하는가?"
찾을 수 있는 부처도 없고, 완성시킬 수 있는 道도 없으며, 얻을 수 있는 法도 없다. 그대의 本心을 알고자 하는가? 그와 합할 수 있는 것도 아니고 그를 떠날 수 있는 것도 아니다. 진정한 부처는 형상이 없고 진정한 도는 體가 없으며 진정한 법은 相이 없다.
(爾波波地往諸方, 覓什麼物, 踏爾脚板闊, 無佛可求, 無道可成, 無法可得, 欲識汝本心, 非合亦非離, 眞佛無形, 眞道無體, 眞法無相)
그러나 상육(上六)은 그것을 붙잡을 수 있다 말하며, 그러기에 많은 이가 그를 따르고 숭배하여, 그로부터 인가를 받기를 원하고 그로부터 무언가를 얻기를 바랍니다.

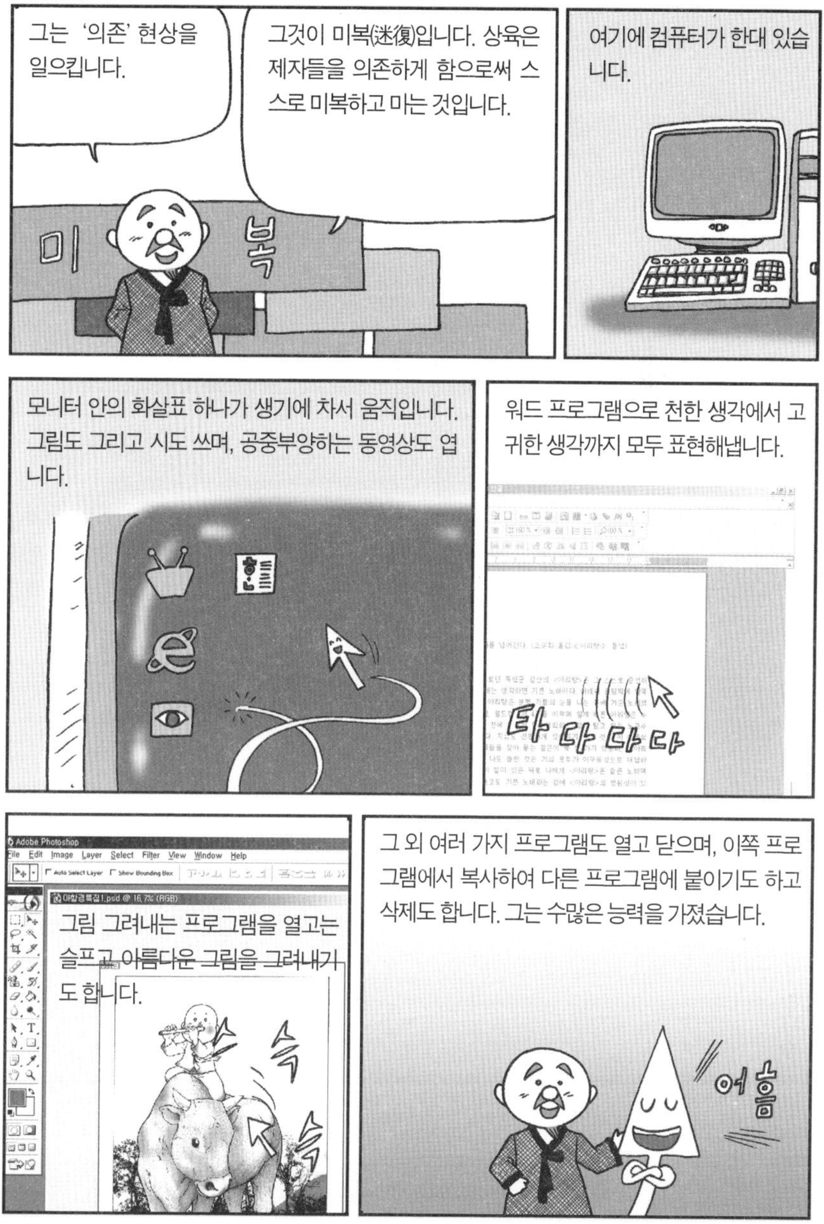
그는 '의존' 현상을 일으킵니다.
미
복
그것이 미복(迷復)입니다. 상육은 제자들을 의존하게 함으로써 스스로 미복하고 마는 것입니다.
여기에 컴퓨터가 한대 있습니다.
모니터 안의 화살표 하나가 생기에 차서 움직입니다. 그림도 그리고 시도 쓰며, 공중부양하는 동영상도 엽니다.
워드 프로그램으로 천한 생각에서 고귀한 생각까지 모두 표현해냅니다.
타다다다
Adobe Photoshop
File Edit Image Layer Select Filter View Window Help
그림 그려내는 프로그램을 열고는 슬프고 아름다운 그림을 그려내기도 합니다.
슥
슥
그 외 여러 가지 프로그램도 열고 닫으며, 이쪽 프로그램에서 복사하여 다른 프로그램에 붙이기도 하고 삭제도 합니다. 그는 수많은 능력을 가졌습니다.
어흠

그러다 자신이 움직이고 있는 것이 무슨 힘에선지, 왜인지 궁금해졌습니다.
왜?
?
그래서 고요히 명상을 해보기로 하고 모든 프로그램을 닫습니다.
클릭
움직이는 습관에 젖은 그로서는 쉬운 일이 아니었지만 궁금함이 절실해져 모든 활동을 쉬기 시작했습니다. 그리하여 이제 열려있는 의식의 창이 아무 것도 없게 되었습니다.
그저 텅 빈 바탕화면만 남게 되었습니다. 그럼에도 화살표인 자신만은 의식되었습니다.
......
그는 애써 자신의 근원을 자각해보려고 노력합니다.
텅 빈 화면 이쪽 끝에서 저쪽 끝으로 움직여보며 자신을 움직이는 근원이 무엇인지,
이러한 자각이 일어나게 하는 '그것'이 무엇인지 잡아보려 합니다.

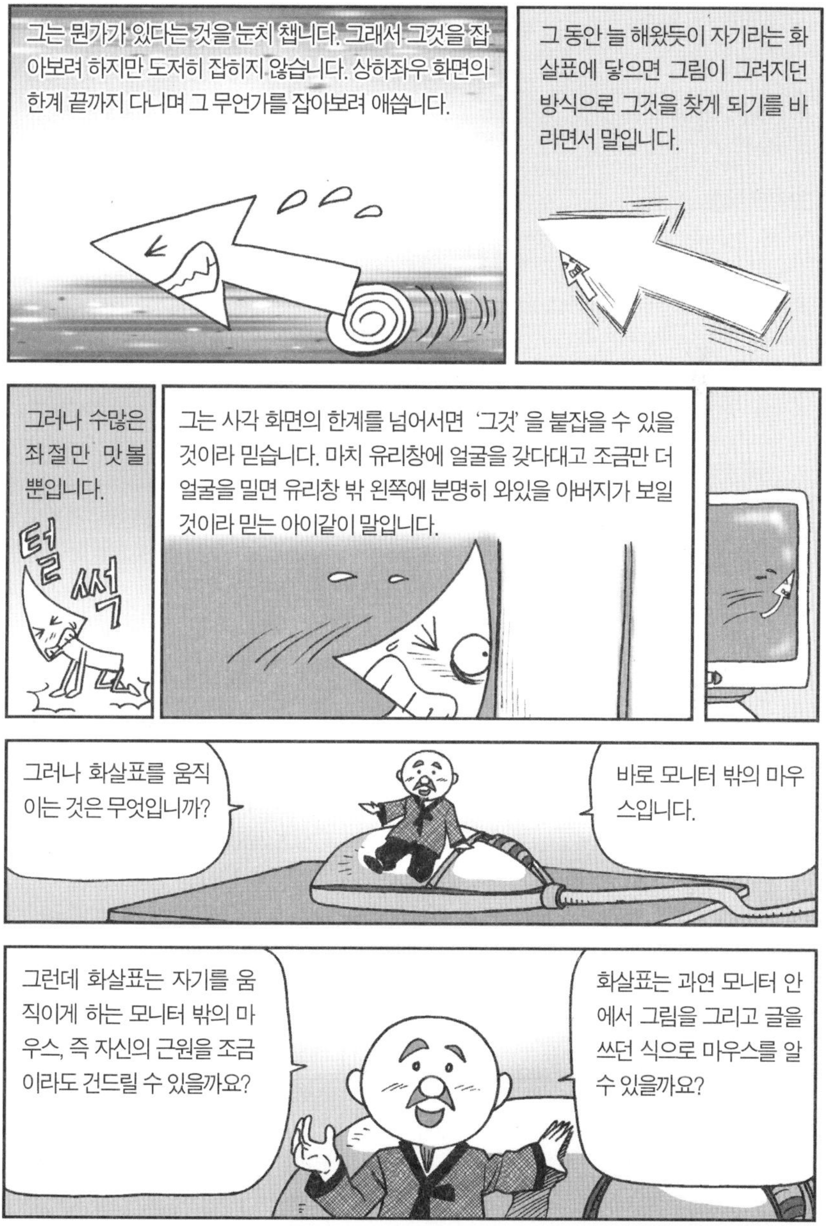
그는 뭔가가 있다는 것을 눈치 챕니다. 그래서 그것을 잡아보려 하지만 도저히 잡히지 않습니다. 상하좌우 화면의 한계 끝까지 다니며 그 무언가를 잡아보려 애씁니다.
그 동안 늘 해왔듯이 자기라는 화살표에 닿으면 그림이 그려지던 방식으로 그것을 찾게 되기를 바라면서 말입니다.
그러나 수많은 좌절만 맛볼 뿐입니다.
털썩
그는 사각 화면의 한계를 넘어서면 '그것'을 붙잡을 수 있을 것이라 믿습니다. 마치 유리창에 얼굴을 갖다대고 조금만 더 얼굴을 밀면 유리창 밖 왼쪽에 분명히 와있을 아버지가 보일 것이라 믿는 아이같이 말입니다.
그러나 화살표를 움직이는 것은 무엇입니까?
바로 모니터 밖의 마우스입니다.
그런데 화살표는 자기를 움직이게 하는 모니터 밖의 마우스, 즉 자신의 근원을 조금이라도 건드릴 수 있을까요?
화살표는 과연 모니터 안에서 그림을 그리고 글을 쓰던 식으로 마우스를 알 수 있을까요?

이제 화살표는 태어나서 지금까지 전(全)생애 동안 해왔던 것과는, 완전히 다른 방식으로 인식하는 법을 배워야 합니다.
2×2=22
지금까지는 자기 외부의 것을 보고 느끼고 생각함으로써 그것이 있음을 알았지만
이제부터는 자신이 움직이고 살아있다는 자체가 바로 마우스의 표현이라는 것을, 자신이 마우스와 둘이 아니라는 것을 눈치채야 하는 것입니다.
앗!
그리고 …
그것을 눈치 챈 화살표는 옛날과 같이 산도 그리고 물도 그립니다. 거기에 달라진 것은 아무 것도 없습니다.
그러나 이제 그의 초점은 화살표가 아니라 마우스에 가 있습니다.

모니터의 세계에서 벗어나는 것, 그것이 미복에서 벗어나는 것입니다.
그것이 상육이 해야할 일입니다.
그러나 사실 벗어날 곳은 없습니다.
그렇게 애써온 화살표 자신도 자신이 그려온 그림이나 글처럼 모니터 안 그림의 일부이기 때문입니다.
그리고 그림과 화살표와 마우스는 둘이 아닌 하나, 나누어지기 이전의 하나였던 것입니다.
상육이 미복인 것은 이 화살표로 마우스를 건드릴 수 있다고 말하기 때문입니다.
수많은 능력을 가진 상육, 그는 이제 스승의 역할에 빠져있지 말고 눈치만 채면 되는 것입니다.
그때 진정한 상육으로서 근원에 합일할 것입니다.
상육
근원

산 밑에 샘이 솟다

몽(蒙)괘 ①

象曰 山下出泉蒙이니 君子以果行育德하나니라.

(상에 이르기를, 산 밑에 샘이 나는 것이 몽이다. 군자는 이것으로 행동을 과감히 해서 덕을 기를 것이다)

象曰 蒙山下有險하고 險이지 蒙이라. 蒙亨은 以亨行이니 時中也오. 匪我求童蒙童蒙求我는 志應也오. 初筮告는 以剛中也오. 再三瀆瀆則不告는 瀆蒙也일세라. 蒙以養正이 聖功也라.

(단에 이르기를, 몽(蒙)은 산 밑에 험한 것이 있다. 험하고 그치는 것이 몽이다. 몽이 형통하는 것은 형통하는 길로서 행하여서 때에 맞기 때문이다. 「내가 동몽(童蒙)에게 구하지 않고 동몽이 내게 구한다」 함은 뜻이 응하기 때문이다. 처음 점칠 때 일러주는 것은 강중(剛中)을 얻기 때문이다. 두 번 세 번 점치면 더럽힌다. 더럽히면 일러주지 않는 것은 몽을 더럽히기 때문이다. 몽으로 바른 길을 기르는 것이 성인(聖人)의 공인 것이다)

위에는 산, 아래는 물을 뜻하는 소성괘가 합하여 몽괘가 이루어졌습니다.
상(象)에 몽은 산하출천(山下出泉)이요, 단사(彖辭)에 산하유험(山下有險) 험이지(險而止)라 하였습니다.
산속에서 샘물이 퐁퐁 솟아납니다(山下出泉). 참 신선하고 맑습니다.
그러나 앞에 조그만 돌무더기만 있어도 막히고 맙니다. 험난함을 만나 멈추고 마는 형상입니다(險而止).
몽은 작은 험난함에도 멈추어 섭니다. 그러나 사실 험난함이란 그가 어리기에 나타나는 현상입니다.
몽괘
유유한 장강의 앞길에 험난함은 없습니다. 몽은 아직 몽매하여 길을 보지 못할 뿐입니다.
몽괘

그런데 몽은 스스로를 어리석다 여기어 멈추고 근본을 돌이켜보게 됩니다(反本). 그래서 어리석지만 형통하다 하는 것입니다.
몽괘
근본
한자에는 같은 음을 가진 것끼리는 의미가 통하는 경우가 많습니다. 그래서 어릴 몽(蒙)은 꿈 몽(夢)과도 통하며 꿈꾸는 자와 연관이 됩니다.
蒙
夢
꿈에는 분리된 개인으로서의 꿈과 현실이라 부르는 다수의 객관적 꿈까지 다양합니다.
꿈
현실
둘다꿈
현실을 객관적 꿈이라 부르는 것은 그것이 다수가 체험하는 동의된 꿈이기 때문입니다.
또 현실의 체험을 꿈이라 부르는 것은 그것이 일시적이기 때문입니다.

체험은 왔다가는 사라집니다. 그것이 아무리 놀라운 것이라 해도 구름처럼 왔다가 사라지고, 잠을 잘 때 꾸는 꿈속의 체험들도 왔다 사라집니다.
퐁
퐁
그같이 우리가 현실이라 부르는 객관적 꿈속에서 체험되는 것들도 왔다가는 가버립니다.
꿈속의 체험과 현실의 체험은 그 경험의 강도가 같습니다.
그래서 이 모두를 꿈이라 할 수 있습니다.
꿈
그러나 사라지지 않는 것이 있으니, 그 모든 관계들의 배경에서 꿈을 가능하게 하는 본 바탕이 바로 그것입니다.
개인적인 꿈은 주로 분리된 것만을 보고, 섬들을 체험합니다. 객관적 꿈으로 갈수록 바닥에서는 서로 연결되어 있으며 모두가 상호작용하고 있음을 체험합니다.
개인의 꿈
섬
개인의 세계, 분리적 특성이 나타남
전체성의 꿈
바닥
개인의 특성이 사라짐, 존재의 본성과 유사한 모양을 한 꿈

그리고 이러한 꿈들을 모두 가능하게 하는 바탕이 있습니다.
그것을 근원이라 하며 이에 대해서는 지난 글 복괘(復卦)에서 살펴보았습니다.
바탕
꿈
개인으로서의 몽은 어리석을지 몰라도 그 '어리석음'이라는 느낌을 가능하게 하는 '바탕'은 얼마나 지혜롭습니까?
몽
바탕에 느껴지는 '나는 부족하고 어리석다' 라는 느낌은 '몽' 으로 하여금 길을 찾고 구하며 '현명함'으로 나아가게 합니다.
노력하자
몽
그러니 몽의 본 바탕은 얼마나 위대한 것입니까?
바탕은 이렇게 말할지도 모릅니다.
'험(險)을 만나는 이는 복이 있나니 그가 나아갈 길을 발견할 것이기 때문이다.'
몽
바탕

스스로 어리석다 여기면 겸손해지고 배우려 하게 됩니다.
그래서 몽은 형통하다 하였습니다.
몽
몽괘의 괘사는 "형통하니 내가 동몽(童蒙:어리고 어리석은 이)에게 구하는 것이 아니라 동몽이 나에게 구한다. 또 초서(初筮)면 알리고 재삼(再三)이면 알리지 않는다" 하였습니다.
동몽구아(童蒙求我)란 어리석은 이가 스승에게 구함을 뜻합니다.
스승구함
길을 찾는 자는 숙입니다. 자신을 숙일 때 동몽은 몽에서 벗어나는 길을 배우게 됩니다.
길을 알려주마
그렇게 길을 구할 때의 자세를 몽괘의 괘사에서는 '초서(初筮)면 고(告)하고 재삼이면 불고' 라 하였습니다.
초서라 함은 처음 점을 쳐서 나온 것을 말하고 재삼은 두 세번 더 치는 것을 말합니다.
1
2
3

현대과학은 재현성을 매우 중요시합니다.
몇 번을 실험해도 같은 결과가 나와야 과학적이라고 말할 수 있다는 것이지요.
그런데 이는 하향평준화를 의미하는 것이 아닐까요?
하향 평준화
만약 주역도 현대 과학적 기준에 맞추려면 점을 칠 때 열 번을 쳐서 가장 많이 나오는 괘를 원하는 괘로 삼아야 할 것입니다.
그러나 주역에서는 그렇게 하지 않습니다.
도리어 가장 정성을 들여 얻은 첫 번째 괘만을 취합니다.
그것이 초서(初筮)입니다. 선(禪)에서도 초발심(初發心)을 중요시하는 것은 그 뜻이겠지요.
이와같이 초서는 몽(蒙)이 간절히 구하고 있다는 것을 의미합니다.

두 번 세 번 점을 치는 것은 그 뜻이 흐리고 더럽혀졌다고 보아 결과를 알려주지 않습니다.
요즘 TV 프로에서는 1%의 특이한 이를 찾는 통계실험을 방영하고 있습니다.
1%
그 통계 그래프의 대부분은 우측 그림과 같이 정상분포를 이루는데 가운데 B부분이 70% 이상을 차지합니다.
일반적으로 어떤 실험을 하여 통계를 내면 이런 그래프가 나옵니다.
B
C
A
[그림 : 정상 분포]
그러면 서양과학은 가장 많은 비중을 차지하는 중간부분만을 재현성이 많다 하여 의미있게 취급하고 A나 C같은 특이한 경우는 버립니다.
B
C
A
그러나 주역은 A만을 취합니다.
그것은 가장 정성을 들여 나타난 처음 결과의 것, 가장 최상의 것을 중요하게 생각하기 때문입니다.
A

양(量)을 중시하는 서구과학과 달리 그 정성의 깊이를 먼저 보는 것이 동양철학의 질(質) 중시 태도입니다.
양
질
그런데 이제 서구문명의 강한 영향을 받고 있는 대중적인 TV프로그램에서조차 1%의 특이한 경우에 관심을 두기 시작하고 있고,
1%
미국 프린스턴 대학의 특이물리연구소(PEAR) 같은 곳에서는 의식과 물질의 상호작용과 같은 특이현상 등에 관심을 두고 실험해오고 있습니다.
이는 지금까지 인간의 집합의식이 다수결(多數決)과 재현성을 중시하는 태도에서 다시 한번 가장 최고의 질, 최상의 것에 관심을 두기 시작했음을 의미합니다.
거기서 형통함이 나옵니다.
어리석은 몽이 형통하다는 것은 바로 최고의 질, 초서(初筮)의 자세에서 나온다 하겠습니다.

과감히 행동하고 덕을 기르다

몽(蒙)괘 ②

몽은 이제 막 세상에 나왔으므로 몽매하고 갈 바를 알지 못하며, 험난함까지 만납니다.
몽
그러나 일단 나왔다는 것을 돌이킬 수는 없습니다.
몽
하아
하아
뜻을 세워 일을 이루려는 것에 비유한다면 몽은 일을 벌인 것입니다. 그런데 어떻게 해야 할지 알지 못합니다.
?
무언가 튀어 나왔다(出泉)는 것은 입자적이라는 것입니다. 개별성으로 나타난 것을 말합니다.
개별성
그는 근원으로부터 개별성으로 현시(顯示)하였습니다. 그리고 파동은 서로 스며들지만 입자는 충돌하는 것처럼 개별성은 항상 험을 만납니다.
험
이때 군자는 몽의 상황을 보고, 그의 세운 목표를 실현시킬 작은 행동부터 과감히 행하도록 합니다. 이것이 과행(果行)입니다.
넌 할 수 있어!

그리고 그 행동 하나 하나가 목표를 향한 발걸음이 되도록 합니다.
사실 '험난함' 이라는 말 속에는 몽이 자신에게 닥친 현실에 대해 걱정이나 두려움을 가지고 있다는 것을 내포하고 있습니다.
어느 누구에게나 적용되는 절대적인 험난함이란 없기 때문이지요.
장애란 것은 여리고 어리석은 몽에게만 험난할 뿐인 것입니다.
그런데 몽이 가진 이 '두려움' 이란 녀석에게는 신비한 특성이 있으니, 이성과 논리만 가지고는 해결할 수 없는 무언가가 있다는 점입니다.
이때는 행동해야 합니다. 그 행동이 현재의 상황에 온전히 들어맞는 것이 아니라 하더라도 무언가 과단성 있는 행동은 몽에게 긍정적인 효과를 더해줍니다.
탕
"motion은 emotion을 지배한다"는 법칙이 있습니다. 우울할 때 몸을 움직여 행동해보십시오. 그 감정은 어렵지 않게 사라져갑니다.
실의에 빠져 앞이 보이지 않을 때 일부러 활기차게 산책을 나가보십시오. 바로 그 몸의 움직임이 우리 마음에 어떤 알지 못할 의지(意志)를 공급해줍니다.
그것이 바로 움직임(motion)이 감정(emotion)을 지배한다는 의미입니다.

그렇다 해도 그 행동에 기준은 있을 것입니다. 몽은 그것 역시 알지 못합니다. 그렇게 행동의 방향을 알지 못할 때 군자는 몽에게 밝은 덕을 양육하라고 그 방향을 제시합니다.
A
B
C
이문으로 가게나
과행(과감한 행동)과 육덕(덕을 기르는 것)은 입자성과 파동성으로 비유할 수 있겠습니다.
모든 현상화 된 것은 입자성, 즉 개별적인 성격을 띕니다.
위대한 뜻이 파동적이라면 구체적인 행동은 입자적입니다. 그리고 그 뜻을 이루기 위해서는 입자적인 하나하나의 행동이 필요합니다.
월드컵 경기장에서 "꿈은 이루어진다"는 섹션카드가, 아름답게 파도치며 제대로 보여지기 위해서는, 전체 그림을 염두에 둔 한사람 한사람이 구체적인 행동을 해야하는 것과 같습니다.
꿈★은
이루어진다
이때 한사람의 입자가 그 행동의 근거로 삼아야 할 것은 전체이며, 그의 행동은 저절로 자신을 포함한 전체를 위한 것이 될 것입니다. 그것을 주역은 덕을 기르는 것(育德)이라 하였습니다.
꿈

서구 성공학의 대가인 나폴레온 힐(Naploeon Hill)은 입자적 성공에 대해 잘 이야기 하고 있습니다. 그러나 입자적 성공에는 한계가 있습니다.
나폴레온 힐
그것을 "위대한 기업"의 저자로 유명한 짐 콜린스는 "Built to Last(성공하는 기업들의 8가지 습관)" 에서, 개인의 카리스마와 성공보다 자신의 사후에도 성공적으로 유지될 불멸의 기업을 이룬 사람들을 소개합니다.
Built to Last
그들 위대한 기업가들은 바로 파동적 성공을 이룬 이들입니다.
즉, 나폴레온 힐은 적극적 사고방식, 긍정적 태도, 자신에 대한 신뢰감, 불굴의 의지 등을 이야기 했지만,
짐 콜린스는 "자신이 뛰어난 지도자가 되기" 보다는 전체조직이 어떻게 하면 더 자신의 사후에까지 성공적으로 유지할 수 있을까 하는 시스템에 관심을 가졌던 비전기업의 설립자들에 대해 말하는 것입니다.
물론 짐 콜린스는 비공식 자리에서 이들 위대한 기업의 창시자들이 시스템을 목표로 두었다기보다는 그들의 성공을 결과적으로 해석해보니 이러했다는 이야기를 했다지만, 어쨌든 현재 이루어진 상황은 그들의 의식, 무의식에 패턴화되어 있는 시스템적 모습이 드러난 것이라 볼 수 있을 것입니다. 이렇게 서구 성공학의 개념도 개인의 성공에서 전체의 성공으로 그 방향을 잡아가고 있습니다. 이때의 성공은 입자적인 '나'를 넘어 파동적인 '나', 온 우주에 걸쳐있는 '나'에 접속하는 길을 제시하는 것입니다.

지난 글에서 우리는 물 위에 드러난 개체적 성격과 물 아래의 전체성의 꿈에 대해 이야기 했습니다.
개인꿈
전체 꿈
몽은 근원으로부터 '부분'의 모습을 하고 세상에 나타나, 점차 전체성의 꿈으로 나아갑니다. 전체성으로 나아갈수록 부딪힘이 적으나 개별성인 입자적 특성을 가지고 있는 한은 부딪힘이 멈추지 않습니다. 그것이 몽에게는 험난함이 되며, 그에 따라 가던 길을 멈추는 일도 생기는 것입니다.
몽이 입자로서 뭔가에 충돌하여 멈추게 되면 다시 더 근본에 가까운 파동성을 생각하고 근원에 돌아가 참조하려는 뜻이 생깁니다. 그래서 몽을 형(亨)하다 하는 것입니다.
단사(彖辭)에 몽이 형통한 것은 행시중(行時中) 때문이라 하였습니다. 행시중이란 행동을 때에 잘 맞추어 한다, 즉 적절한 때에 행동한다는 의미입니다.
언뜻 생각하면 어리석은 몽은 결코 적절한 때를 맞추어 행동할 수 없으리라 여겨지지만 그는 유능한 이에게 머리를 숙이고 가르침을 받아 스승의 행시중을 받아들이기에 그것이 가능한 것입니다.
사부님~
허허허
그렇게 그는 가르침을 받아 준비를 합니다. 그 가르침이 육덕입니다.

개별입자로서의 과감한 행동(果行)은 아주 철저히 실행가능한 것부터 하나하나 해나가는 것이며,
온누리에 파동으로 펼쳐져 있는 무한의식의 힘을 믿고 그에 뿌리를 내리는 것은 덕을 기르는 데서 이루어집니다.
덕을 기른다는 것은 자신의 행동 하나하나가 자신 뿐 아니라 인류 전체를 위한 길도 되어야 한다는 말이지요.
어떤 일이 전체를 위한 것일 때는 전체가 그 일을 성공시키기 위해 에너지를 쏟기 시작합니다.
이렇게 덕을 쌓는다는 것은 전체를 위한다는 말이며, 과단성 있게 행동한다는 것은 지금 현재 이 자리에서 자신이 할 수 있는 구체적인 행동을 한다는 것입니다.
과행과 육덕은 위대한 성공을 위해 필수적인 두 요소입니다.
과행
육덕
몽의 전체 이미지를 상(象)과 단사(彖辭)에서는 다음과 같은 과정으로 설명합니다.
깡총
깡총
험이지
행시중
지응
강중
양정
과행
육덕

먼저 험이지(險而止)는 근원이 개체로 현시하여 입자성을 띠면 부딪히게 된다는 것을 말합니다.
입자
근원
이때 그는 근원을 반추하게 됩니다. 머리를 숙이고(止) 근원에 합일한 이의 가르침을 기다리는 것입니다.
다음으로 행시중(行時中)은 유능한 이가 때에 맞춰 행동함을 이야기 합니다.
여기서는 몽이 필요를 느낄 때까지 기다리다가 몽(蒙) 스스로 구할 때 이에 응하여 가르침을 주는 것을 말합니다.
이게 답이다
아~
이후 지응(志應)의 단계에서는 몽이 찾아 구해올 때를 맞아 가르치므로 두 사람의 뜻이 서로 응하게 되는 것입니다. 이를 주역선해에서는 여수청 가인월(如水淸 可印月)이라 하였습니다.
우리 고전중에 월인천강지곡(月印千江之曲)이라는 것이 있는데 그와 유사한 의미이지요. 이는 개별적인 천개의 강 모두에 근원인 하나의 달이 비추인다는 의미이기도 한데,
여수청 가인월은 물이 맑아야 근원인 달이 제대로 비춰 물위에 모습을 보인다는 말입니다.

몽이 산하출천하여 의기양양 떠들며 자신이 흐트러져 있을 때는 그 샘물에 달이 비치지 않으나
음하하하 내가 최고다
험을 만나 멈추면 고요해지고,
장벽이다.
스승의 가르침을 받으면 맑아져 드디어 뜻이 통해지니 이것이 맑은 물위에 달빛이 비치는 것과 같다고 한 것입니다.
이렇게 몽이 출세상하여 성장해 가는 과정에서 지응하게 되는 것인데, 이는 스승이 몽을 기다리고 있다는 뜻도 됩니다.
올때가 됐는데...
즉, 뜻을 세우면 그것에 응하는 이들이 나타난다는 것입니다. 사실 준비된 자, 즉 스승을 맞을 준비가 된 자에게는 만물, 만사, 만인이 스승이 됩니다. 그들은 모두 몽이 가르침을 청하기를 기다리고 있었던 것입니다.
사부님들~
그 다음은 강중(剛中), 이제 몽은 배우려는 뜻이 있음에 스승이 가르치게 되는데 이때 몽의 배움의 자세가 바로 지난호에서 말한 초서고(初筮告)입니다. 즉 처음 점을 칠 때의 정성, 초발심의 성실함을 말합니다.
그것을 뜻이 강하고 제대로 갖추었다고 표현하였습니다(剛中).
슥 슥
다음은 양정(養正), 어리석은 몽은 이렇게 성인의 가르침으로 그 올바름을 기르게 됩니다.

이후 과행(果行), 즉 과단성 있는 행동을 하게 되니, 이 행동은 육덕(育德)에 기초한 것이고 구체적인 행동이어서 장기적으로 보아 꼭 이루어지게 됩니다.
이것을 형통하다 하였습니다.
개인만을 위함이 아니라 전체를 위한 행동이니 덕을 쌓는 것이 되는 것입니다.
개인만을 위한 행동에는 아무리 애써도 호응이 없을 것이나, 전체를 위하는 행동에는 약간의 실수가 있어도 모두 용납되니, 바로 전체성이란 덕이 있기 때문입니다.
전체성
다시 정리하자면, 물이 태어나 흘러 나가다 험난함을 만나 멈추고,
멈추면 자신을 숙이고 돌파구를 찾으니 스승에게 가르침을 청하고, 이때 스승은 몽이 스스로 구하기를 기다려 때에 맞추므로 그 가르침이 뜻에 응하고,
그 가르침을 통해 자신을 맑게 하는 동안 물은 자꾸 쌓여 넘치니 이것이 육덕 이후의 과단성 있는 행동이 됨이라, 육덕이 된 후 차고 넘쳐 드디어 흘러 과단성이 있는 구체적 행동으로 목표를 향하게 되는 것입니다.
철철
이렇게 덕을 쌓는 과정을 통해 입자적인 개인으로서의 몽함에 머물러 있지 않을 수 있게 되는 것입니다.
그는 불가사의한 신비함의 원천, 신성의 파동성에 접속합니다.

어리석음을 밝힐 때 형틀을 쓰라

몽(蒙)괘③

형태없이 흩날리는 솜이 특정한 틀인 패턴으로 모여 실을 이루고 실이 또 다른 패턴으로 직조되어 옷이 되듯이,
에너지가 일정 패턴대로 움직여주어야 제대로 이 현상세계에 쓰이게 되는 것과 같습니다.
모든 생명체는 특정한 패턴대로 에너지를 발하는데
그 패턴을 통해 나무가 성장하고 인간이 성장하며 어떤 질서로 나아가게 되는 것입니다. 그와같이 무질서한 몽(蒙)의 초기상태에도
이치 또는 하나의 패턴이 가해져야만 제대로 쓰이게 되는 것입니다.
그것을 형인(刑人) 이라 했습니다. 이를 통해 몽은 제멋대로인 질곡에서 벗어나게(用脫桎梏) 됩니다.
어떤 이는 처음부터 형틀을 통해서 가는 것은, 가르치지 않고 벌주는 것이 아니냐고 말할지도 모릅니다.
답답해요~
형틀

그러나 여기서 형틀을 세운다는 것은 정자(程子)가 말했듯이 방한(防限),
즉 막고 한계를 세우는 것을 의미합니다.
가야할 길을 모르는 사람에게 하나의 틀을 지움으로써 이 틀을 벗어나는 것이 잘못이라고 기준을 알게 하는 것입니다.
그것이 바로 '형인' 이니 이것은 또 법을 올바르게 함(正法)으로써 이루어져야 합니다.
正
法
상(象)에 이르기를 '이용형인(利用刑人)은 이정법(以正法)' 이라고 했으니
이는 틀을 지우고 프레임을 씌우는 작업에 있어서 그 법을 바르게 해야 한다는 것입니다.
올바르다는 것은 멈춰야 할 데를 아는 것입니다.
끼익
STOP
정(正)자는 한일(一)에 그칠지(止)를 합한 것입니다.
一
止

올바르다는 것은 어디에서 멈춰야 할 지를 아는 것을 의미합니다.
끼이익
설문해자(說文解字)를 보면 바를 정(正)자는 ‘눈이 멈춘 바’를 말함이니 그 멈춰야 할 바를 아는 것을 ‘올바름’이라 하였습니다.
눈이 멈춘바
초육의 효사는 몽에게 아직 법이 없다는 것을 암시하고 있습니다. 그는 열려있습니다. 무정형(無定型)입니다.
몽
법이란 결국 몽이 제대로 흐르게 하는 길인 것입니다. 몽에겐 틀이 필요합니다.
현재 자신을 막고 한계를 두는 것이 없기 때문입니다. 어린아이와 같습니다. 아주 무작위적이라는 말입니다.
그에겐 자아라는 틀이 필요합니다. 에고라는 것은 무작위에 내려진 틀입니다. 이 틀을 통해 세상을 보는 기준점을 얻게 되는 것입니다.

아이가 맨처음 태어나면 눈이 있어도 세상이 보이지 않습니다. 빛은 그의 눈을 통과해 그냥 지나갈 뿐입니다.
그의 귀에는 세상의 소리가 들리지 않습니다. 소귀에 경읽기 처럼 그냥 귀를 통해 소리가 지나갈 뿐입니다.
그의 의식에는 세상의 생각이 떠오르지 않습니다. 모든 상(象)들이 그냥 지나갈 뿐입니다.
그러나 '나' 라는 틀이 생기고 빛과 소리와 생각들이 부딪혀 충돌을 일으킬 '자아' 라는 기준점이 생길 때 비로소 반응이 일어 아이에게 의미가 있는 사건으로 나타납니다.
나
그때 소리는 그에게 뜻을 지니게 되며, 빛이 그에게 사물이라는 형상을 보여줍니다.
만일 그 기준점인 틀이 없다면 그는 보지도, 듣지도, 생각하지도 못할 것입니다. 느끼지도, 추론하지도, 어떤 무언가를 '하' 지도 못할 것입니다.

왜냐하면 망망한 그의 무한 내면에 어떤 현상을 일으킬 기준점인 '나' 라는 틀이 없기 때문입니다.
나
그래서 몽의 무작위적인 에너지가 의미를 지니기 위해서는 틀이 필요하다고 주역은 말하는 것입니다.
사실 '의미' 라는 것은 그것을 의미있게 여길 '누군가' 가 필요합니다.
'누군가' 없어요?
'누군가'가 필요해요
'무언가' 를 보기 위해서는 그것을 보는 '누군가' 내면에 있어야 한다는 말이지요. '본다' 는 현상은 '누군가' 와 짝이 되는 동전의 양면입니다.
'무언가' '본다'
'누군가'
외부의 사물을 보고 무언가를 안다는 말은 그가 본 사물의 정보가 눈을 통과해 들어와 '누군가' 와 충돌했다는 의미입니다.
콰광
사물
누군가

만일 '나' 와의 충돌이 없다면 그 정보는 눈과 뇌와 내면을 통과해 지나가버리고 말 것이며
정보
'안다' 는 현상을 일으키지 않을 것이기 때문입니다. 자아란 틀은 이토록 유용합니다.
방금 무슨 일이 있었지?
그런데 문제가 되는 것은 이렇게 세상을 보기 위해 유용한 '나' 라는 기준점이 부동의 틀로 고정되어 가면서부터입니다.
틀
이렇게 되면 그가 틀을 사용하는 것이 아니고 틀이 그를 사용하는 일이 일어나게 됩니다.
틀
하하하
그토록 존재를 힘들게 하는 것은 쓰여져야 할 '나' 란 틀에 근원이 묶이면서부터입니다.
틀
근원
장비의 손에 들려 자유로이 쓰이는 철퇴와, 벤허의 발에 채워져 그를 노예로 만드는 쇠사슬의 철퇴를 생각해보십시오. 그것은 '나' 란 틀의 양면을 잘 보여줍니다.

우리를 힘들게 하는 것은 외부로부터 들어오는 정보가 아니라 그것들과 사사건건 부딪히는 틀에 있지 않을까요?
그때 그의 내면은 소란으로 가득차 있는 것입니다.
정보
틀
정보
너무도 많은 빛과 소리와 생각들이 난동을 부립니다.
그런데 그 소란들이 정말 소란한 것일까요? 오히려 고요에 감싸여 있는지도 모릅니다.
고~
요~
얼마전 충주호를 다녀왔습니다.
비가 내린 뒤라 천지가 가라앉고 고요하였습니다.
우리는 5분간 잔잔한 수면을 바라보며 침묵에 잠겼습니다.
꽃잎 흩날리는 소리하나 없었습니다.
그런데 정말 아무런 소리가 없었던 것일까요? 아닙니다. 호수를 둘러싼 숲에서는 개미와 같은 곤충들이 쉼없이 생명활동을 하고 있었을 것입니다. 아주 소란스럽게 말이지요.

그러나 우리의 가청주파수 범위에 못미치기에 우리는 고요만을 느낄 뿐이었습니다.
또 그 순간에는 지구(地球)도 아주 커다란 소리를 내며 돌아가고 있었지만 우리의 가청 주파수 범위를 넘는 소리였기에 침묵하는 지구를 느낄 뿐이었습니다.
우웅
우웅
우웅
이와 같이 고요와 소란이 따로 있는 것이 아니라 늘 같이 있지만, 반응에 따라 구분되듯이
내면의 소란상태로 가는 것은 자아라는 틀이 과도히 반응하기 때문이겠지요.
정보
틀
틀
그 틀을 조절할 수 있다면 우리는 때에 맞추어 활기를 일으키기도 하고, 고요 속으로 침잠해 들어갈 수도 있을 것입니다.
고요
활기
기쁨
행복
사랑
사랑도 공포도, 우리가 느끼는 모든 것은 '나' 라는 틀을 바탕으로 생겨나는 잠시간의 소리들입니다.
사랑
공포
나
감사와 기쁨의 형태로, 허무라는 느낌으로, 공포라는 형태로도 발현되는 에너지,
에너지
하나의 에너지가 이렇게 다양한 형태로 발현될 수 있는 것은 틀 때문입니다.
틀

에너지를 그 형태로 발현시키는 틀을 인식하는 것, 이것이 틀로부터의 자유를 가져다 줍니다.
아 ~ 틀을 발견했어.
틀
그 틀을 올바로 사용할 수 있게 되면 어느 순간에라도 기쁨과 감사, 사랑의 느낌을 불러내올 수 있는 것입니다.
내 느낌은 내가 선택할 수 있어.
만일 이렇다 하면 누군가는 그것을 자연스럽지 않고, 기계와 같은 것이라고 말할지도 모르겠습니다.
기쁨의 스위치를 누르면 기뻐하는 로봇과 무엇이 다르냐고.
기쁨
그러나 그렇게 그 틀을 자유로이 사용할 수 있을 때 그는 틀에 빠지지 않고 틀을 사용하는 위치에 서게 될 것입니다.
Go!
형인을 지나 정법으로 나아갈 수 있다는 것입니다.
비탄에 빠지지 않고 슬퍼할 줄(哀而不悲) 알며,
쾌락에 빠지지 않고 즐길(樂而不淫) 수 있게 될 것입니다.
오히려 현재의 인간이 로봇과 같을지 모릅니다. 그는 외부의 입력과 자극에 특정한 에너지 패턴으로 반응할 수 밖에 없는 틀을 가졌다고 스스로 믿고 살아가고 있는 것입니다.

그래서 구제프는 인간이 잠잔다고, 인간은 로봇과 같다고 말했던 것입니다.
인간은 로봇과 같다.
구제프
이용형인 이정법, 이는 참으로 멋진 말이 아닙니까? 틀을 사용함에 그 법을 바르게 하라. 법을 바르게 하라는 것은 가는 길에 있어 에너지를 멈출 줄 알게 하는 것이라 했습니다.
에너지
틀
두려움과 공포가 몰려올 때 우리는 그 느낌을 멈출 줄 모릅니다. 혼돈에 빠져버립니다.
이를 초육의 효사에서는 질곡(桎梏)에 빠졌다 하였고, 형을 통해 질곡에서 벗어나도록 하였습니다.
그런데 무지한 몽은 혼돈의 질곡을 벗어나 틀을 지니게 되었으나, 이제는 특정한 패턴으로만 반응하며 그 틀에 묶이게 되기 쉽습니다.
그것을 정법을 통해 조절하라는 것입니다.
형인(刑人)의 인을 자신의 내부에 있는 감정의 혼돈이라 보면, 형인은 감정이라는 에너지를 형으로 조절하는 것과 같다 할 수 있습니다.
그리고 그것은 억지로 되는 것이 아니라 그 올바른 틀을 인식함으로써 가능한 것입니다.
틀
넘쳐나는 사랑과 기쁨의 틀을 발견하는 이는 자신의 에너지를 이런 형태로 틀 지울 줄 알고, 또 바르게 멈출 줄 아는 초육의 효사를 체득한 이일 것입니다.

어리석음을 포용하다

몽(蒙)괘 ④

九二는 包蒙吉하고 納婦吉하리니 子克家로다.

(몽매한 자를 포용하면 길하고 아내를 맞으면 길하다. 자식이 집을 잘 다스릴 것이다)

비행기에는 양력(부양력), 무게, 추력(추진력), 항력(저항력)의 네 가지 힘이 작용합니다.

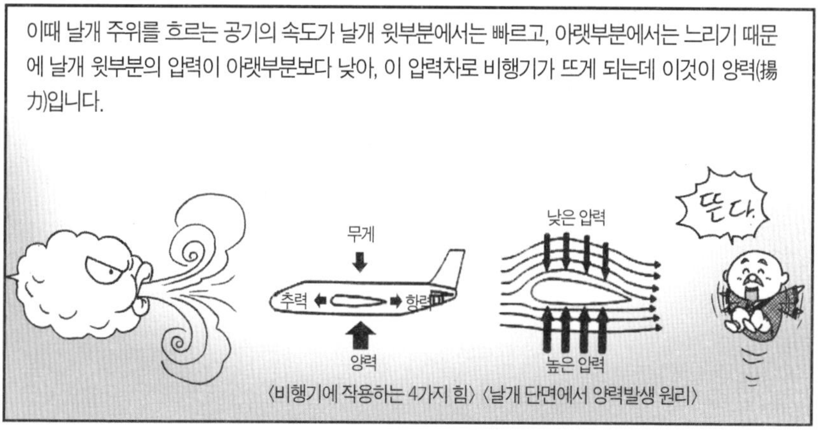
이때 날개 주위를 흐르는 공기의 속도가 날개 윗부분에서는 빠르고, 아랫부분에서는 느리기 때문에 날개 윗부분의 압력이 아랫부분보다 낮아, 이 압력차로 비행기가 뜨게 되는데 이것이 양력(揚力)입니다.
무게
추력
항력
양력
낮은 압력
높은 압력
뜬다.
〈비행기에 작용하는 4가지 힘〉 〈날개 단면에서 양력발생 원리〉

이와 똑같이 윈드서핑에서도 비행기 날개 모양을 하고 있는 세일(돛) 주위의 공기 흐름에 압력차가 생겨 진공력이 발생합니다.
진공력
횡압력
전진력
실제 바람
〈세일링의 기본 원리〉
이 진공력은 횡압력과 전진력으로 분해되는데 횡압력은 스케그(방향타)에 의해 상쇄되고 남은 전진력에 의해 앞으로 나아갈 수 있게 됩니다.

두 경우 모두 바람이 없으면 부양력과 전진력이 나올 수 없는 것처럼
구2(九二)의 부상력도 새로 맞닥뜨린 상황을 이겨내는 힘에서 생깁니다.

삶의 파도가 없는 곳에는 어리석은 초육(初六)도 뛰어난 구2(九二)도 없습니다.
윈드서핑은 수많은 변수로 인해 말 그대로 혼돈인 카오스의 바람을 맞아 뜻하는 방향으로 전진하는 즐거움이 있습니다.
그러나 그 즐거움은 거친 바람과 포효하는 파도를 잘 다루어 전진력을 얻을 때에만 맛볼 수 있는 것입니다.
구2는 마치 그러한 전진력을 탁월하게 얻어낼 줄 아는 윈드서핑 모범생과 같습니다.
구2
그는 자신의 뛰어난 자질로 인해 어린 수강생임에도 불구하고 조교로 부상하며 강사가 됩니다. 학생의 신분인 동시에 강사가 되는 것입니다.
저를 따라 하세요.
구2
더구나 서핑 코치(六五)는 나이가 들어(陰) 가르치는 책임을 다하기가 벅차옵니다. 그래서 이 강사를 키워 강습을 맡기려고 합니다.
음... 잘하는군.
구2
육5

이것을 육5와 구2의 음양조화라 합니다.
이 뛰어난 초보강사는 놀라울 만큼 자질을 발휘하여 새로 들어온 신입생들을 잘 가르칩니다.
구2
구2의 포몽(包蒙)이란 무엇인가?
물이라는 신대륙에 도착한 신입 윈드서퍼는 호기심과 흥분으로 들떠있습니다.
야―호! 바다다!
그러나 서핑보드에 올라서는 순간 두려움으로 몸을 떱니다. 이곳은 그동안 자신이 익숙해있던 육지가 아니라 끊임없이 흔들리는 물 위였던 것입니다.
몽괘 전체는 바로 이러한 신대륙에 도착한 무지한 몽의 이야기입니다.
안심해요.
몽
구2
이러한 몽을 구2는 껴안아 안심하게 하며(包蒙), 받아들입니다.
윈드서핑을 해본 사람들은 모두 4~5일째 놀라운 경험을 한다고 합니다.

첫날 몽인 초보자는 세일을 달지 않고 물 위의 보드 위에서 흔들리며 균형잡는 연습을 합니다. 흔들리며 연습하던 초육은 육지와는 다른 물 위에서 전혀 균형을 잡지 못하고 계속 빠집니다.
그리고는 구2로부터 "그렇게 자꾸 하다보면 머리는 몰라도 몸이 먼저 알고 균형을 잡게 됩니다."라는 이해되지 않는 말만 듣습니다.
몸이 배우게 됩니다.
더구나 구2는 조심조심하는 초육에게 일부러 발을 굴러 보드를 더 흔들라고 말합니다.
그러면 곧 몸이 물의 흔들림에 익숙해져 땅에서 걷는 것과 같이 물에서도 아무 불편 없을 겁니다.
그러나 초육은 그 말을 결코 이해하지 못합니다.
자신은 이제 막 걸음마를 배우는 아이와 같이 너무도 힘겹게 보드 위에서 한발한발 움직이다가 조금만 바람이 불고 파도가 쳐도 균형을 잃고 물에 빠지기를 반복하는 상태인 것입니다. 그렇게 수도 없이 물에 빠지고, 코와 입으로 물을 먹습니다.

〈윈드서핑 장비〉
세일
마스트
업홀라인
보드
스케그
이틀째부터는 세일(돛)을 들어올리는 연습을 합니다. 업홀라인(uphaul line)을 잡고 힘겹게 세일을 들어올려 보지만 물결에 끊임없이 흔들리는 보드 위의 몸은 균형을 잡지 못해 계속 물에 빠집니다.
초육은 바람을 가르며 멋지게 풍상(風上:바람이 불어오는 방향)과 풍하(風下:바람이 불어가는 방향)를 자유로이 항해하는 선배들을 보며 자신은 언제쯤이면 저들과 같이 되려나 부러워합니다.
아니 보드 위에서 흔들리지 않고 오랫동안 서있기만 해도 좋겠다는 생각을 해봅니다.
그런데 닷세 째 되는 날 놀라운 일이 벌어집니다.
초육은 전날과 같이 물에 두려움을 느끼며 보드에 오릅니다. 늘 그렇듯이 바람이 불고 잔파도가 칩니다.

그런데 어제였다면 어김없이 몸이 흔들리며 물에 빠져야 되는 상황임에도 불구하고 발이 저절로 내뻗어져 균형을 잡는 것입니다.
그 느낌은 마치 몸이 스스로의 의식을 가지고 있어 저절로 물의 움직임에 반응하는 것 같습니다. '나' 라는 의식에게 정보를 제공하지 않는 몸의 의식이 따로 있는 것처럼 말입니다.
의식
몸
혼자서도 잘 해요.
초육(初六)은 놀라며 소리칩니다.
"내 몸은 '내가 나라고 여겼던 작은 의식의 것' 이 아니구나"
의식
몸
편안한 땅이 아니라 물이라는, 전적으로 다른 기반에 대해 몸은 어느새 무의식적으로 적응해 있었던 것입니다.
이 제는 물 위도 편하다.
몸
이때부터 초육은 물위를 가로지르는 기쁨을 맛보기 시작합니다.
몸
이것은 참으로 신비한 경험이라고 합니다. 이런 경험을 할 수 있도록 구2는 초육을 형인(刑人)으로 훈련시킨다는 것을 지난 글에서 보여주었습니다.
구 2
몸

초육의 초기 불만을 어진 마음으로 다 들어 주던(仁守之) 구2(九二)는 이 모든 모습을 보면서 부드럽고 여유있는 미소를 짓습니다.
구2
몽
그의 이런 미소는 스스로도 수련에 의해 이 과정을 모두 거쳐왔기에 나올 수 있는 것입니다.
구2
구2에게는 초육의 몽을 포용(包蒙)할 수 있는 지혜(智)와 어짐(仁)이 어느새 갖추어진 것입니다.
지혜
구2
어짐
이것이 바로 아내를 맞고(納婦), 아들이 집안을 책임지는(子克家) 구2의 상(象)입니다. 구이는 서핑을 전혀 못하는 초육을 계발하기 위해 그를 포용합니다.
구2
몽
상에 이르기를 자극가(子克家)는 강유(剛柔)가 접(接)함이라 했습니다.
구2의 양과 육5의 음이 서로 음양관계이니 음유(陰柔)한 아버지가 양강(陽剛)한 아들을 전폭적으로 신임하고 있는 형상입니다.
구2

그러나 아들이 아무리 강해도 아버지의 지지가 없으면 집안을 꾸려가기 어려운 것처럼 강한 구2도 육5의 신임을 받을 때 잘해나갈 수 있습니다.
우리 아들 파이팅!
육5
구2
몽괘에서는 바로 이 위치의 음양관계(서로 대응하는 1-4, 2-5, 3-6효)가 조화롭게 잘 이루어져 있어
강유가 긍정적으로 접해있다 하겠습니다.
음
양
음
양
이는 능력있는(剛) 교생이 음유(陰柔)한 담임선생의 질투나 미움을 받지 않고 전폭적인 신임을 받으며 학생들을 가르치는 형상입니다.
다시 정리하자면 포몽이란 두려움에 떨고 있는 초육에게 걱정말고 보드에 올라 물과 함께 흔들리라고 말하는 것과 같습니다.
몽
구2
이것이 가능한 것은 구2 또한 의식적으로는 알지 못할 무한생명이 스스로 물을 알아 자신을 살려주는 경험을 했기 때문입니다.
무한생명
구2
그는 의식적으로는 알지 못하지만 몸이 스스로 물에 적응한다는 것을 잘 알고 있습니다. 마치 우리가 알지 못해도 심장이 뛰듯이 말입니다.
두근
두근

10여년간 한가지 사업을 해온 사람들은 자신이 잘 의식하지는 못하지만 감(感)으로 성공과 실패의 징후를 눈치채고 어려움의 파도를 넘어간다고 합니다.
그같이 우리의 존재는 삶이라는 파도를 견디어가는 동안 우리가 알지 못하는 사이에 파도를 파악하고 우리를 '살려주는' 생명의 힘에 접속되어 있는 것입니다.
생명의 힘
구2(九二)는 바로 그것을 아는 이입니다. 그래서 주역선해(周易禪解)에서는 정능생혜(定能生慧)라 하였던 것입니다.
선정, 즉 수련이 자신도 모르는 사이에 지혜를 발하게 한다는 것입니다.
선정

우리 안에는 어리석은 초육도 있고, 신속히 책임을 떠맡으며 부상하는 구2도 있습니다.
나랑 놀자~
초육
구2
아냐 나랑 놀아!
이 순간 두려움이 몰려온다면 자신의 구2(九二)에게 에너지를 실어줌이 어떨까요?
구2야 부탁해!
구이
아직 자신속의 구2(九二)를 발견하지 못했다면,
구2야
닷세 째 놀라움의 외침을 경험하게 될 윈드서핑 초보자처럼,
생명의 힘을 믿고 삶의 파도에 자신을 맡겨보는 것도 좋겠지요.

개별적인 활동을 뛰어넘어
몽(蒙)괘 ⑤
몽괘 3효인 육3의 효사는 물용취녀(勿用取女)니 견금부(見金夫) 불유궁(不有躬)하여 무유리(無攸利)라.
즉 "여자를 취하지 말라. 돈 많은 남자를 보고 따르는 사람이니 몸을 보전하지 못하므로 이로운 바가 없다" 고 하였습니다.
육3은 양이 있어야 할 자리에 앉은 음으로서 올바른 자리도 아니고 중용의 자리도 아닙니다.
음 양 음 양 음 양
이를 부중부정(不中不正)이라 합니다.

육3과 상응하는 자리는
여섯 번째 효인 상구(上九)인데
상구는 그의 원대한 사명(使命)을 육3이 함께 하기를 바라지만 너무 멀리있는 반면,
상구
육3
능력있고 돈 많은 아래쪽 구2(九二)는
아주 가까이 있습니다.
상구
김중배의 다이아반지가 그렇게 좋더냐!
구2
그렇게 육3은 유혹에 빠지기 쉬운 자리에
있습니다.
어떡해
그러나 그 유혹을 이기고 사명을 위해 상구와 공명하여 통일된 의식을 보인다면 오히려 놀라운 일이 벌어지기도 합니다.
오~ 저것이 바로…
이러한 상황은 개별적인 활동을 뛰어넘어 통일된 초전도 현상을 보이는 보스-아인슈타인 응축현상이라는 현대물리학의 발견에 비유해볼 수 있습니다.

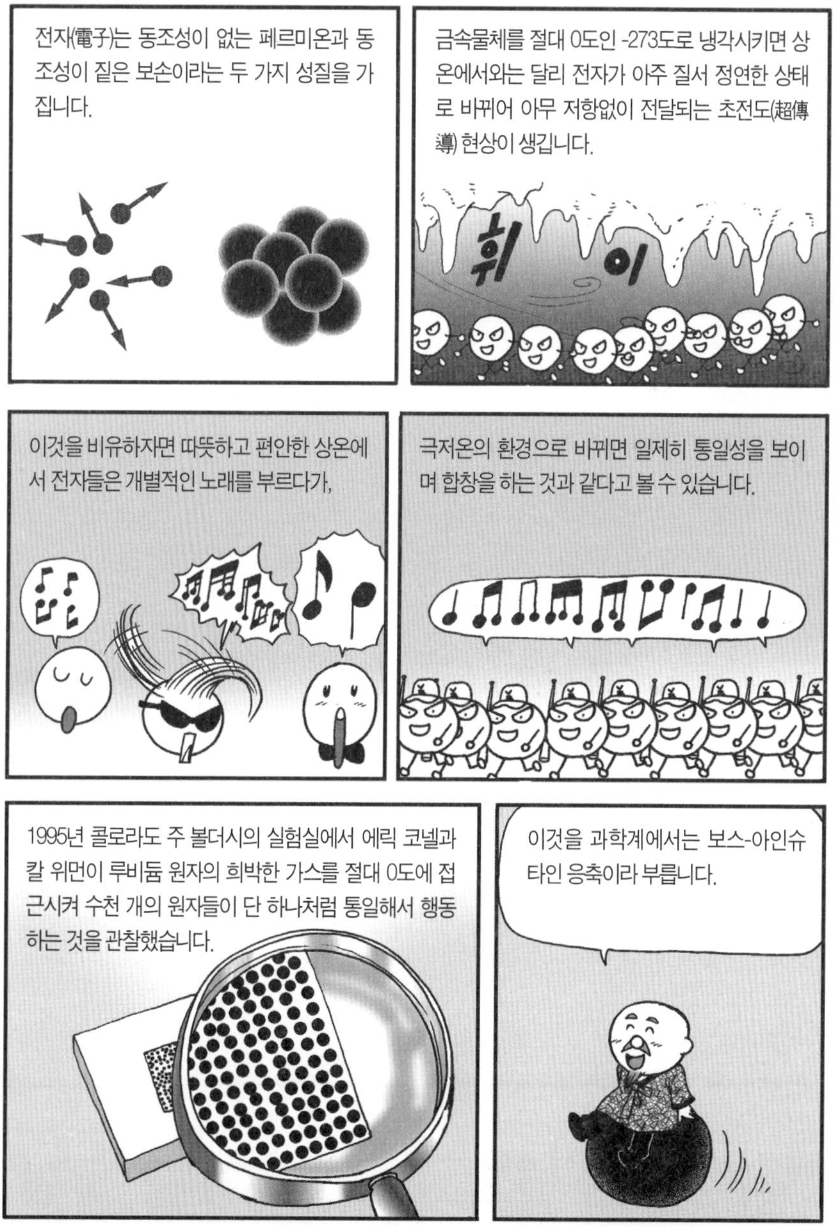
전자(電子)는 동조성이 없는 페르미온과 동조성이 짙은 보손이라는 두 가지 성질을 가집니다.
금속물체를 절대 0도인 -273도로 냉각시키면 상온에서와는 달리 전자가 아주 질서 정연한 상태로 바뀌어 아무 저항없이 전달되는 초전도(超傳導) 현상이 생깁니다.
휘
이
이것을 비유하자면 따뜻하고 편안한 상온에서 전자들은 개별적인 노래를 부르다가,
극저온의 환경으로 바뀌면 일제히 통일성을 보이며 합창을 하는 것과 같다고 볼 수 있습니다.
1995년 콜로라도 주 볼더시의 실험실에서 에릭 코넬과 칼 위먼이 루비듐 원자의 희박한 가스를 절대 0도에 접근시켜 수천 개의 원자들이 단 하나처럼 통일해서 행동하는 것을 관찰했습니다.
이것을 과학계에서는 보스-아인슈타인 응축이라 부릅니다.

20세기의 중요한 발명중 하나인 레이저가 바로 이런 현상, 즉 양자파의 위상일치에서 나왔습니다.
파지지
막대한 숫자의 광자가 단일광의 파동처럼 행동한다는 것이지요.
이렇게 육3이 상구와 위상일치를 보일 수 있다면 놀라운 일이 벌어질 것입니다.
이렇듯 공명을 통한 통일성은 모든 놀라운 일을 일으키는 원리이기도 합니다.
어릴 때 크리스마스가 되면 교회에 나가지 않는 사람이라도 모두 사탕이며 과자를 나눠주곤 했기에 그것을 받으려 일년에 한번 교회에 나가는 아이들이 많았습니다.
그때 교회에서 성가대의 합창을 들으면 영혼 깊숙한 곳에서 경이로운 환희가 일어나는 것을 많은 이들이 느꼈을 것입니다.

많은 사람들이 자신의 개별성을 제한하면서 전체의 목소리를 내는 것에는 어떤 근본적인 감동이 있는 것 같습니다.
그것은 우리의 우주적 사명일지도 모릅니다.
이러한 합창이 초전도라는 물질계의 현상뿐 아니라, 알키메데스가 '유레카'를 외치거나 우리에게 창조적 아이디어가 떠오를 때 우리의 생체 내에서도 일어난다는 것을 알면 놀랄 것입니다.
유레카
1999년 프랜시스 바렐라라는 신경과학자는 우리가 어떤 그림에서 일부분만을 보다가 마침내 그것의 전체성을 인식하게 될 때
뇌속의 수백만 뉴런들이 일제히 동조하여 '감마진동'이라는 돌풍을 일으킨다는 것을 발견했습니다.

그가 한 실험은 이런 것입니다. 언뜻 보면 그냥 얼룩처럼 보이는 그림인데 바로 보면 사람의 얼굴이 보이는 그림을 피험자에게 보여줍니다.
그리고 피험자의 뇌에는 30여개의 전극을 꽂아 뇌파를 측정합니다.
피험자가 '응, 그냥 얼룩이구나'라고 인식할 때도 뉴런들은 발화하여 모두 반짝입니다. 그러나 그때 뉴런들은 각자가 개별적인 노래를 부르듯이 반짝입니다.
그런데 그가 이 얼룩 속에서 사람의 얼굴을 찾아냈을 때는
놀랍게도 개별적으로 활동하며 소음만을 만들던 수백만의 뉴런들이 갑자기 모두가 하나처럼 공명하며 거대한 통일성을 보이더라는 것입니다.
알키메데스가 욕조에서 '비중'의 원리를 깨닫고 '아!'하고 외쳤을 때 그의 뇌속 수백만 뉴런들은 감마진동이라는 감동의 합창을 하고 있었던 것입니다.

그랬기에 그는 욕조에서 실오라기 하나 걸치지 않은 모습으로 유레카를 외치며 길거리로 뛰쳐 나왔던 것이지요.
그냥 얼룩으로 인식하는 것은 쉽습니다. 깨어있다면 누구나 가능한 일입니다.
그러나 그 속에서 사람의 얼굴을 발견하려고 노력하는 일, 또는 자신의 사명을 발견하고 그를 향해 힘써 나아가려는 일은 쉽지 않습니다.
그 같이, 타고난 사명과 동조될 때 우리는 영혼에 참감동을 맛보게 됩니다.
사
명
육3은 아래있는 구2와 아주 쉽고 편하게 어울릴 수 있으나, 사명을 위해 상승하려면 극저온의 전자가 초전도 현상을 보이는 것과 같이 엄격함으로 단련해야 한다고 주역선해에서는 말합니다.
그는 가까이 있는 부유한 남자를 쉽게 따르려는 여자와 같아서

사명을 잊고 자신의 안락을 위해 아래로 떨어지기 쉬운 자리, 즉 견금부 불유궁(見金夫 不有躬)의 자리에 있기 때문입니다. 육삼이 아래로 떨어져 쉽게
개인적 안락을
향하듯이,
우리 각자도 개별적인 노래를 부르기는 쉽습니다. 반면 합창은 고려해야할 사항이 많기에 더 확장된 의식이 요구됩니다. 자신의 목소리를 살리면서도 주변과의 조화에 늘 신경을 써야하기 때문입니다.
개인들이 아무리 노래를 잘 부른다 해도, 함께 모였을 때 서로 배타적이면 그들의 음악은 소음으로 끝나기 마련입니다.
육3은 소음이 되기 쉬운 자신의 위치에서 벗어나 타고난 사명을 따라야 합니다.
이때 그는 감동의 합창을 이루게 됩니다.
사 명
육3의 효사(爻辭) '행동이 신중하지 못하니 그런 사람을 취하지 말라' 이면에는 이렇게 엄격한 단련으로 상구의 사명을 따르라는 방책이 놓여있는 것입니다.
9회 미내사 심포지엄 때 발표한 에살렌 연구소의 프로그램 디렉터인 낸시 휠러는 이렇게 상구를 따른 육3의 전형을 보여줍니다.
낸시 휠러

그녀는 올해 65세로 매우 열정적인 삶을 살아왔습니다.
그녀가 행한 워크샵에서 인상 깊었던 것은 에살렌이 매년 500여개의 프로그램을 실시하는데 그 프로그램을 선정하는 기준이 된 것은 '개인과 사회의 변형'이라는 에살렌의 사명이었다는 점입니다.
개인과 사회의 변형
때로 재정적으로 어려운 시기에는 사명에 맞지 않아도 인기 있는 강사에게 강연을 부탁하고 싶었지만,
썰~렁
그녀는 많은 부분을 사명에 초점을 맞추고 프로그램을 진행해왔다고 합니다.
사명
덕분에 그녀는 25년 이상을 에살렌의 중심에 서있을 수 있었으며, 현재 에살렌의 이사로서 강력한 리더십을 발휘하고 있습니다.
이같이 엄중함을 통해 타고난 사명과의 합창을 이루는 것, 그것이 육3이 자기 존재의 핵심과 공명하는 길입니다.

작은 세계, 넓은 세계

몽(蒙)괘 ⑥

육4 : 몽괘 아래서 4번째 효로서 음효

그러나 육4가 사방이 벽으로 둘러싸였다고 느끼는 것은 그가 '작은 세계' 에 살고 있다는 것을, 그 구조를 모르기 때문일 수도 있습니다.
사방이 벽이다.
그는 소위 말하는 네트워킹의 '약한 고리' 를 무시하고 있는 것입니다.
서로를 연결하는 네트워크에는 강한 고리와 약한 고리가 존재하며,
거대한 세상을 모두가 연결된 작은 세계로 만드는데는 약한 고리가 더 중요한 교량역할을 한다는 것을 존스홉킨스 대학의 그라노베터라는 젊은 사회학자가 발견하였습니다.
거대한 세상
작은 세계
그는 연구 당시, 최근 아는 사람을 통해 직업을 얻게 된 사람들을 인터뷰해본 결과 소위 그 직업을 얻기 위한 '줄' 이 되어준 사람의 84퍼센트는 '자주' 만나는 사람이 아니라 '어쩌다', '드물게' 만나는 사람이었다는 것을 발견했습니다.
땡큐
자~잡아!
어쩌다 만나는 친구
'이 사람들이 네트워크를 통해 퍼뜨린 그의 메시지는 강한 관계의 고리보다는 약한 고리를 타고 흐를 때 더 효과적으로, 그리고 더 많은 사람에게 퍼져나간 것입니다.
"나는 지금 새로운 직장을 구하고 있어"
친한 친구들에게 말하기는 쉽고 편하겠지만, 그 소식은 그리 멀리 퍼지지 못합니다. 친한 친구들은 서로 거의 알고 지내는 사이이기 때문에 같은 소식을 두 번, 세 번 듣게 됩니다.

그러나 대강 아는 지인이나 거의 왕래가 없는 먼 친척들에게 알린다면 최소한 더 멀리까지 이 정보가 전파됩니다. 사회적으로 친한 집단의 한계를 넘어 훨씬 많은 사람의 마음속까지 전달되는 것입니다.

그라노베터는 이런 결론을 내렸습니다

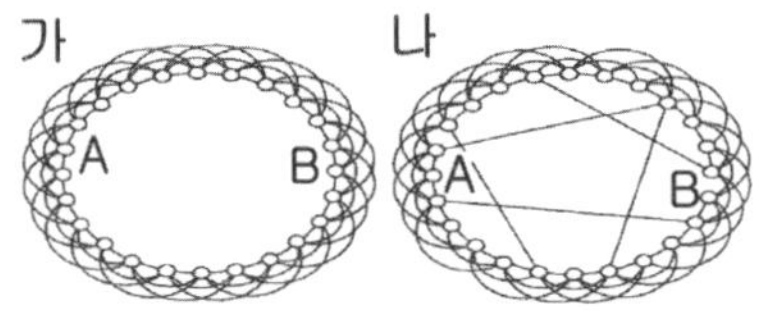

위의 그림은 '지구상의 모든 사람들은 여섯 단계만 거치면 누구와도 연결 된다' 는 것을 설명할 때 사용하는 네트워크의 진화에 대한 것입니다.
그림 (가)처럼 주변의 가까운 사람과만 친할 때 A에서 B로 정보가 전달되는 데는 오랜 기간이 걸리지만 (나)처럼 먼 곳에 있는 이와 임의의 연결이 몇 개 되어 있을 때는 아주 빠르게 정보전달이 이루어집니다.

그러나 육4는 가까이 있고 잘 아는 강한 유대관계만을 중요시하며 느슨한 유대관계의 고리를 무시함으로써 스스로를 곤(困)의 상태로 만들었습니다.

유유상종이라는 말이 있습니다. 비슷한 이들은 비슷한 이들끼리 모인다는 말입니다.
그러나 그라노 베터의 네트워크 진화에서 보듯이 유유상종만 있다면 전체를 운행하는 우주적 질서라는 더 큰 흐름은 생겨나지 않을 것입니다.

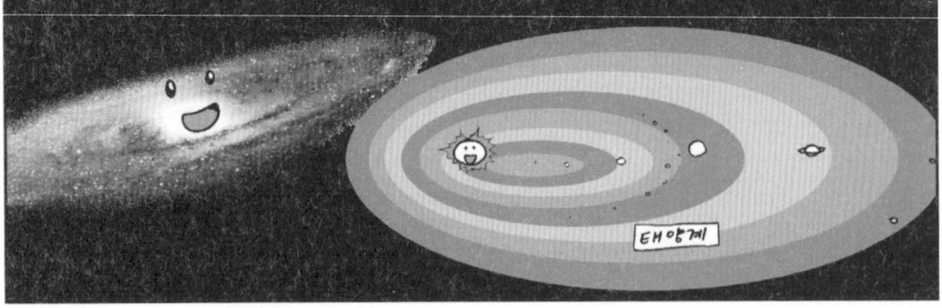

육5 : 몽괘의 5번째 효인 음효. 육3 : 3번째의 음효.

상구(上九) : 괘의 제일 위에 있는 양 효.

구2(九2) : 두번째 양효.

그 연구소의 연구원들에 의하면, 인체의 세포들이 생체광자를 통해 커뮤니케이션을 하고 있는 것 같으며, 이를 위해 세포들 간에는 적절한 간격이 필요한데,
암세포의 경우에는 그 적당한 간격을 무시하고 자기들끼리 너무 가까이 뭉쳐있어 그 친함이 주변과의 의사소통을 단절시키고 결국은 전체질서를 무너뜨리는 것 같다는 말을 했습니다.
암세포들은 자기와 가까운 것에만 친하게 지내려 합니다. 친하지 않은 이들과는 배타적이며 적대시합니다. 당파를 짓습니다. 이것이 결국은 자신을 곤궁에 빠뜨리는 것입니다.
그는 전체와 의사소통이 되지 않는 것입니다. 이것이 곤의 형상입니다. 사방이 벽으로 둘러싸인 가운데 있는 생명인 것입니다.
木
내부의 나무는 생명을 상징합니다.
사실 육4와 같은 음의 기운은 전체를 위해 꼭 필요한 특성이기도 합니다. 그렇게 스스로를 지탱하는 구심력들이 모여 인체가 유지되고 있기 때문입니다.
구심력
따라서 구심력이라는 것, 자신을 유지하려는 힘, 부분의 자아라는 것은 거대한 인체가 유지하기 위해 꼭 필요한 요소입니다.
내겐 자아가 있어
나도
나도

모든 세포들이 스스로를 유지하려는 힘이 없이 전체에만 맡기고 있다면, 전체는 얼마나 힘이 들겠습니까?
너만 믿어
우리 모두 너만 믿어
공산주의가 무너진 것은 바로 전체만을 중요시하고 개인의 주체성과 창의성을 무시했기 때문인듯 합니다.
와르르
우리가 심장이 뛰는 것, 간이 해독하는 것, 위가 소화하는 것, 피가 정화하는 것 등에 모두 의식적으로 신경 쓴다면 하나의 전체로서의 삶을 살 수 있을까요?
헥
거기에 신경 쓰느라 의식의 힘은 소진되고 말 것입니다.
헥
그러나 그들 기관들은 각자가 맡은 일, 스스로를 유지하기 위한 일들을 잘 해내고 있기에 전체는 또 전체를 위해 의식의 힘을 사용할 여유가 있는 것입니다.
따라서 육4의 구심력은 전체의 유지를 위해 필수요소입니다. 다만 원심력, 즉 전체와의 의사소통이 또 필요하며, 그때 온전한 전체가 이루어질 것입니다.
육4
전체
그렇지 않고 자아를 공고히 하기 위해 움츠러들기만 한다면 결국 응축되어 블랙홀처럼 사라지고 말 것입니다.

자, 이번에는 육4의 입장이 한번 되어보겠습니다. 사실 그의 본질적 내면을 들여다보면 너무 소극적이어서, 또는 너무 숫기가 없어서 다른 이들과 의사소통이 약할 수도 있습니다.
육4
아~ 부끄러워
음(陰)인 그는 스스로 먼저 나서서 관계 맺지 못합니다.
후다닥
몰라요~
응축되어 있는 그는 자아가 아주 강해 작은 일에도 상처받으며 그래서 아주 친한 몇몇 외에는 쳐다보려고도 하지 않습니다.
이것이 그를 사방이 벽으로 꽉 막힌 곤(困)한 상태로 만드는 것입니다.
당신이 늘 우울하고 외롭다면 육4의 상태에 있다고 보면 틀림없을 것입니다.
육4의 주변에는 음효만이 있어 이를 더욱 부채질합니다. 육3이나 육5(육은 음효를, 5는 아래서 다섯 번째 효를 나타냄)는 아래와 위에 양괘인 구2나 상구(상은 맨 위의 효, 구는 양효를 나타냄)가 있어 자신을 변화시키는데 도움이 되지만 육4는 그렇지 못합니다.
상구
육5
육4
육3
구2
그는 그야말로 사면초가에 빠져있는 암울한 상황입니다. 그는 스스로도 음이고 위치해 있는 자리도 음의 자리(2, 4, 6번째 효는 음의 자리이다)이며 주변에도 모두 음들뿐이어서 극도의 음의 성격을 지닙니다.
으~
육4
음의 자리에 있는 음
음
음
음효

그는 극도로 닫혀있으며 움츠러듭니다. 그는 변화의 가능성이 전혀 없는 세계에 살고 있고 앞으로도 그러기를 원합니다.
......
육4
그것이 독원실(獨遠實) 하게 합니다. 스스로 훌륭한 스승이나 벗을 멀리한다는 말입니다.
접근 금지
육4
어찌 보면 그는 두려워 자신의 작은 세계에서 나가기를 거부하는 것 같습니다. 그러나 먼 곳의 사람들과 몇 곳만 연결하면 이 넓은 세계가 자신의 '작은 세계' 처럼 편안하게 되어버린다는 것을 알지 못합니다.
이 세계는 옅은 인연의 고리들로 이루어진 작은 세계인 것입니다. 6단계만 거치면 이 세상의 누구와도 연결될 수 있다는 것은 이미 널리 알려진 사실입니다.
그러나 자신과 아주 친한 사람과만 연결해서는 그렇게 되지 않습니다. 좀 먼 사람들과 관계를 맺을 때 이 '작은 세계' 즉 '세상 참 좁다' 라는 것이 가능한 것입니다.
멀리 있지만
연락은 하고 삽시다.
그리고 온전해지는 것입니다. 자신이 육4의 상태에 있다면 자신에게 도움이 되는 사람들에게만 주의를 주지 말고 옅은 인연의 고리들에게도 관심을 기울여야 할 때입니다.

흙탕물을 잠시 내려놓고
몽(蒙)괘 ⑦
몽괘 다섯 번째 효 인 육5는 음효이며,
사회적으로는 왕에 해당하는 위치입니다.
하나의 괘를 살펴보기 위해 일반적으로 알아야 할 것은
전체 대성괘의 괘상과 아래위 3효인 소성괘의 의미,
각 효의 의미와 사회적인 위치,
각 효의 올바른 자리,
효와 효사이의 관계 등입니다.
그리고 양효의 앞에는 구(九)를, 음효의 앞에는 육(六)을 붙이며,
구
육
음
양
음
양
따라서 육5란 하나의 괘중에서 다섯 번째 효로서 음효임을 나타냅니다.
육5의 효사는 **'동몽(童蒙)이니 길(吉)하다'** 입니다. 육5는 왕이라는 강력한 자리에 앉은 유순한 음(陰)을 그 특성으로 합니다.
육5

그런데 몽괘의 육5는 스스로 자신이 '어린아이와 같이 어리석다(童蒙)' 는 마음을 잃지 않습니다.
나는 어리석다
육5
그러기에 왕의 위치에 걸맞는 결과를 내기 위해 고개를 숙여, 위로는 상구(上九)의 스승과 친하려 하고,
상구
사부님
육5
아래로는 구2(九二)의 현명한 벗을 가까이 합니다(몽괘에서 양효는 스승을, 음효는 어리석음의 단계를 나타냅니다).
친구야
육5
놀자
구2
어떠한 존재이든 의식이 있고 자신을 고집하지 않는 한, 배움을 통한 최선의 길을 갈 수 있다는 것이 우주적 법칙인 것 같습니다.
그리고 그것은 의식의 최고봉이라 할 사람에서부터 물질의 기본이라 할 수 있는 빛에 이르기까지 동일하게 드러나는 현상이기도 합니다.
따라서 어리석은 몽이라 하더라도 최선의 결과를 이루기 위한 길은 예비되어 있다 할 것입니다
최선
몽
바닷가의 인명구조원들은 늘 경계상태에 있다가 누군가 위험에 처하면 직관적으로 가장 빠른 길을 택해 달려간다고 합니다.
기다려욧-!!
꺄~

구조원
뛰는 거리
B.최소시간 경로
C. 물속 최단 거리경로
땅위
물속
A.. 전체 최단 거리경로
수영하는 거리
옆의 그림에서 보듯이 구조원은 A라는 전체 최단거리 경로나 C와 같은 물속 최단거리 경로(수영하는 거리가 가장 짧은 경로)가 아니라,
전체적으로 최소시간이 걸리는 B의 경로를 직관적으로 취한다고 합니다.
정답은 B다!
A
B
C
A는 대상을 향한 직선 경로이어서 전체 거리는 짧아 보이지만 구조원이 땅에서 보다는 물속에서 더 힘들고 느리다는 것을 무시한 경로입니다.
어푸
어푸
왜 이렇게 먼거야..
C는 물에서 움직여 가야할 수영시간이 가장 짧은 거리이지만 전체적으로 보아 땅 위에서 뛰는 시간이 너무 많습니다.
다
다
다
그래서 인명을 구조하기 위한 최적의 경로는 B가 되는 것입니다.
땡큐~
그러면 구조원은 어떻게 이 최소의 시간이 걸리는 경로를 알아내는 것일까요? 그가 계산을 하는 것도 아닌데 말입니다.
그것은 인간이면 누구나 갖고 있는 직관을 통하기 때문에 가능하다고 합니다.
직관
그런데 전혀 의식적이지 않으리라 생각되는 빛 또한 이와 같은 최소시간 경로를 따른다는 것을 안다면 더욱 놀랄 것입니다.
최소시간 경로

무생물인 빛이 의식적이라 여겨질 만한 점들을 먼저 살펴보겠습니다.
첫째, 빛의 이러한 불가사의한 의식적 성질은 빛이 입자인가 파동인가를 구분하기 위해 실험할 때 일어납니다.
나는 입자 일까
빛
파동 일까?
즉, 입자로 생각하고 실험을 설정하면(아인슈타인의 광전효과) 입자로 나타나고,
빛입자
파동으로 여기고 실험을 설정하면(토마스 영의 쌍슬릿 실험) 파동처럼 나타나는데,
A B
LASER
쌍슬릿실험
이는 빛이 관찰자의 생각에 반응하는 것이라고 밖에 볼 수 없는 것입니다.
더욱 놀라운 것은 다음과 같은 사실입니다. 1661년 수학자 피에르 드 페르마는 광선이 공기에서 물이나 유리로 들어가면서 꺾이는 까닭은 빛이 본능적으로 완벽한 구조원처럼 움직이기 때문이라고 추측했으며 이는 사실로 드러났습니다.
최단거리를 찾아라!
A코스
B코스
C코스
즉 빛도 공기보다는 물에서 더 느리기 때문에 어디에서 굴절되어 가야 효율적이 될지 판단하며,
물속에서는 나도 힘들어..
그를 통해 물속에 있는 물고기에서 관찰자의 눈에까지 나아갈 때 어떤 식으로든 정확히 최소시간 경로를 따라가는 것처럼 보인다는 것입니다.
관찰자의 눈
빛의 경로
최적의 굴절율
공기
물
물고기

과연 빛은 이것이 최적의 경로라는 것을 어떻게 알고 그러한 굴절율을 보이는 것일까요? 빛에게도 인간과 같은 직관적 의식이 있는 것일까요?
최적경로
이크
그것은 알 수 없지만 어쨌든 이와 같은 현상이 일어나고 있는 것은 사실입니다.
이와 같이 단순한 물질이라 여겨지는 빛도 현명한 의식이 있는 듯이 행동하는데 이는 피터 러셀의 '우주는 의식으로 가득 차 있는 것 같다'는 말을 확인 시켜 주는 듯 합니다.
우주는 의식의 바다야!
그렇다면 의식의 최고봉에 있는 인간일 경우는 어떠하겠습니까?
의식
몽괘의 육5가 아무리 어리석다 하더라도 그 또한 우주적 현상의 일부이므로 어떠한 조건에서 자신의 위치에 맞는 최적의 고개숙임을 해내고 있음을 주역은 말해 주고 있습니다.
나 또한 우주의 일부
육5
그는 아랫사람에게 함부로 하거나 90도로 고개숙이지 않으며, 윗사람에게 무조건 따르거나 직선적으로 대들지도 않습니다.
육5
그는 때에 맞춰 그 각도를 최적으로 이루어 그들의 현명함을 수용하고 그에 따라 행동합니다.
육5
마치 구조원이 직관적으로 물에 뛰어드는 각도를 알아 내듯이 말입니다.

이것이 가능한 것은 육5가 자신의 어리석음을 알고, 그를 극복하기 위해 순(順)하고 손(巽)하는 데 있습니다.
내 어리석음을 극복하기 위해 노력하자
육5
육5는 자신의 어리석음을 알기에 위로는 엄한 스승인 상구(上九)를 따르고, 아래로는 현명한 구이(九二)를 벗합니다.
상구
육5
구2
스승
친구
이것이 그로 하여금 임금의 위치인 5효의 자리를 유지하게 해주는 것입니다.
육5
상(象)에 이르기를 '童蒙之吉은 順以巽也' 라고 했습니다. 태생적으로 유순한 육5인 동몽이 길한 것은 순(順)하고 손(巽)하기 때문이라는 뜻입니다.
육5
저는 순(順)하고 손(巽)해요
정자(程子)는 순(順)이란 '자기를 버리고 남을 따르는 것(舍己從人)' 이요, 손(巽)은 '자신의 뜻을 내려놓고 아랫사람에게 구하는 것(降志下求)' 이라 했습니다.
이를 통해 육5는 자신의 어리석음에도 불구하고 왕의 역할(5효의 자리)을 잘 수행할 수 있는 것입니다.
육5
그 누구의 본성도 텅 빈 그릇과 같지만,
텅~

몽이 어리석음이라는 현상으로 드러난 것은 그 그릇에 담긴 내용물 때문이며 그것을 믿기 때문에 어리석은 행동이 나옵니다.
어떤 일에 대해 현명한 이가 맑은 물을 담고 있다면 어리석은 이는 흙탕물을 담고 있어서 어둡게 보일 뿐입니다.
그런데 몽은 자기 그릇에 담긴 흙탕물을 잠시 옆으로 치워놓고
육5
그 안에 빈 공간을 만들어 스승인 상구(上九)와 현명한 벗인 구2(九二)의 맑음을 받아들이고 따릅니다.
상구
구2
육5
덕 있는 스승과 현명한 벗을 알아볼 줄 아는 눈이 있고, 자신의 흙탕물 같은 주장을 내려놓으며, 그들의 맑음을 따를 줄 아는 이는 더 이상 어둠에 갇혀 있지 않습니다.
육5
그는 더 이상 어리석지 않습니다. 그래서 동몽(童蒙)인 육5를 길(吉)하다 하였습니다.
육5
吉
더 나아가 자신이라는 텅 빈 그릇 속에 맑은 물이 있든 흙탕물이 있든 그에 휘둘리지 않고 헌신을 위해 그 모두를 내려놓을 줄 아는 육5도 있습니다.
그도 더 이상 어리석은 모습을 보이지 않습니다. 언뜻 언뜻 다시 보인다 하더라도 다시 맑음으로 돌아갑니다.
육5

기독교나 이슬람교의 헌신하는 마음이 이와 같습니다. 그들은 자기안의 어둠, 또는 현명함에 관심을 두기보다는 자신을 낮추고 헌신함으로써 맑음이 하늘에서와 같이 땅에서도 이루어지기를(As above, so below) 최우선으로 합니다.
그런데 이것이 결과적으로 흙탕물이나 맑은 물과 같이, 느껴지는 모든 내용물이 자신의 근본이 아님을 알게 되는 불교의 핵심인(人)과 같은 효과를 나타냅니다.
내용물은 내 근본이 아니다
둘 다 그릇 안의 내용물, 즉 의식의 내용물에 더 이상 휘둘리지 않게 되는 것입니다.
내용물이 무슨 상관인가
그렇다면 육5의 그런 힘은 어디서 나오는 것일까요? 아마도 자신의 어리석음을 통감했거나, 스승을 너무 사랑하고 존경하여 자신을 잊어버렸을 경우일 것입니다.
육오
스스로 어리석다는 것을 아는 이, 그는 더 이상 어리석지 않습니다.
소크라테스는 35세때 '소크라테스가 가장 현명한 사람'이라는 신탁(神託)을 받았다 합니다.
정말?
그것을 믿을 수 없었던 그는 당시 아테네에서 가장 현명하다는 사람들을 찾아다니며 신탁이 틀렸다는 것을 밝히려 했습니다.
확인해보자
그래서 그는 현명하다는 그들이 알고 있는 것의 근거를 물어보았습니다. 그리고 놀라운 발견을 합니다.
조잘
조잘

그들 중 어느 누구도 자기 지식의 확실한 근거가 없음에도 '자신이 그것을 진정으로 모른다'는 것을 알지 못한다는 점이었습니다.
난 알아요!
나도 알아
미투
그때서야 그는 델포이 신탁의 의미를 깨닫습니다. 그는 최소한 자신이 아무것도 모른다는 것, 자기 안의 모든 내용물은 빌려온 것이라는 점을 알고 있었던 것입니다.
나는 내가 아무것도 모른다는 걸
안다!
그리고 진정 아무것도 알지 못하는 '너 자신의 본성을 알라'고 설하며 다녔던 것입니다.
너 자신을 알라!
너나 많이 알아라!
육5는 자신의 어리석음을 아는 것 같습니다. 그러하기에 어리석은 몽괘, 그것도 음으로서 그토록 힘든 5효의 위치(왕의 자리)에 있을 수 있는 것이지요.
육5
그래서 동몽인 육5를 길(吉)하다 한 것입니다. 어리석은 자신을 아는 몽괘의 육5는 그 점에서 소크라테스와 매우 가까이 있다 할 것입니다.
반갑구나
육5
당신이 유순한 음(陰)으로서 타인을 다스리는 5의 위치에 있다면 델포이의 신탁 '너 자신을 알라'를 가슴 깊이 새겨야 할 때임을 잊지 마십시오.
너 자신을 알라!
그때 우주의 현명함이 우리를 지원할 것입니다.

나의 빛을 강요하지 않는다
몽(蒙)괘 ⑧
이번 글은 몽괘 마지막 효인 상구입니다.
상구의 효사는 격몽(擊蒙)이니 불리위구(不利爲寇)요, 이어구(利禦寇)입니다.
즉, 어리석음을 물리치는데 있어서, 침탈하는 도적은 이롭지 않다는 것입니다.
몽괘에서 양효는 스승의 역할이라 했습니다. 그중 상구(上九)는 음의 자리에 앉은 강한 양(陽)으로서 강유(剛柔)를 두루 갖추고 있는 스승이라 할 수 있습니다.
그래서 어리석음을 물리칠 수 있는 것입니다. 그러나 상구는 어리석음을 물리치는데 있어 제자를 침해하거나 그의 뜻을 빼앗지 않습니다.
왜냐하면 제자의 내부에도 빛이 있다는 것을 알기 때문입니다.
그는 제자에게 자신의 빛을 강요하지 않습니다.

빛은 전할 수 있는 것이 아니라는 것을 알기 때문입니다. 그는 다만 덮개를 걷어내 제자에게도 있는 빛을 스스로 발하게 할 뿐입니다.
누군가 답을 말해줍니다. 그러나 그것이 꼭 내 문제의 해결책이 되는 것은 아닙니다 (The answer is not necessarily a solution).
스승은 수많은 답(answer)을 가지고 있습니다. 그러나 그것은 자신의 답입니다. 제자의 답(solution)은 아닌 것입니다.
따라서 제자의 어리석음을 물리치려는(擊蒙) 의도가 잘못하면 구(寇:도적, 원수)가 될 수 있다 한 것입니다.
구(寇)를 통어해야 한다 했으니, 즉 제자에게 해답을 주입하거나 강요할 것이 아니라, 그의 병에 맞는 약을 주어야 하는 것입니다.
너는 이 약을 먹거라!
네, 스승님.
그때 그의 문제가 용해(solve)되어 해결(solution)될 것입니다.
그것이 어구(禦寇)입니다.
그의 어리석음을 제거할 수 있을 뿐, 그에게 지혜를 줄 수는 없다고 주역은 말하고 있습니다.
그래서 세상의 모든 스승들이 종국에 가서 하는 말은 네 안에서 빛을 찾아라 인 것입니다.
네 안의 빛을 찾아라.

스승은 제자에게 답을 강제로
떠안기지 않습니다. 제자가 가리웠던
장막을 열고 자신의 빛을 발하길
기다릴 뿐입니다.
이것이 어구(禦寇)입니다. 그는 표준을 정해놓고
획일적으로 아이들에게 그 표준을 따르라고
말하지 않습니다.
정해진 길은 없다.
세상에는 무수한 답들이 있습니다.
수많은 성인들이 인생의 답을
설(說)해 놓으셨습니다.
그러나 그것이 내게는 와 닿지 않습니다. 시간이 익고 경험이
쌓여 내게 그 답을 수용할 준비가 되었을 때에야
의미가 있게 됩니다.
더 큰 컵이 필요해.
그것은 마치 뉴런과 뉴런의 연접부인
시냅스에서 신경전달물질이 자신에게
맞는 수용체에 가 붙고, 그것이 일정량
이 되어서야 자극이 전달되는 것과
같습니다.
뉴런
신경전달 물질
수용기
연접 후막
<시냅스 구조>
현대과학은
시냅스의 행동패턴
에서 자아(self)를
찾아보려 하고
있습니다.
물론 자아라는 의식의 패턴이
의식 자체는 아니라 하더라도
수십억 인구가 어떻게 그토록
다양한 개인적 특성을 보이는지에
대해 이들의 연구는 의미있어
보입니다.

글루타메이트
축삭
글루타메이트 수용체
가시
가바 수용체
수상돌기
축삭
가바
체세포
〔글루타메이트와 가버〕
뉴런은 자극을 전달하는 신경세포로서, 자극 입력부인 수상돌기와 세포체, 자극 출력부인 축삭돌기로 이루어져 있습니다.
그런데 이 자극 전달이라는 것이 단순하지 않아서 어떠한 자극이 오더라도 임계점에 이르러야 전달이 된다는 것입니다.
씩 씩
앗! 화났다!
신경전달물질 중 흥분제인 '글루타메이트'와 억제제인 '가버'가 각각의 수용체와 결합해 세포의 흥분과 억제를 일으키는데,
글루타메이트
가버
자극으로 흥분된 글루타메이트의 양이 억제제인 가버의 양을 능가하여 일정량이 되어야 세포 전체가 흥분되고 자극이 전달된다는 것입니다.
내가 이겼으니 자극이 전달된다.
글루타메이트
가버
그런데 이러한 패턴에도 다양한 모습이 있어서 어떤 사람의 시냅스에선 가버가 더 활동을 하여 웬만한 자극에도 반응이 없는가 하면,
......
어떤 사람에게서는 적은 글루타메이트만으로도 반응을 하는 예민성을 보이기도 한다는 것입니다.
으악! 시계 초침 때문에 잠이 안 와~

이렇게 인간의 개인적 특성을 뉴런 연접부인 시냅스의 활동에서 찾으려는 시도가 행해지고 있습니다.
신경 세포의 연결 방식이 자아를 결정한다!
물론 신경전달물질과 수용체가 화학적 결합이 아니라 파동적 결합이라는 연구도 이루어지고 있습니다.
현재이론 구조적 매칭
리간드
수용체
세포기능
A
새로 제안된 이론 전자기적 신호
세포기능
B
벵베니스트의 자극수용체: 프랑스의 생물학자 자끄 벵베니스트는 인체내의 수백만 생물 분자들이 어떻게 광속으로 자신과 상응하는 분자와만 의사소통 할 수 있는지를 이해하기위해 분자신호의 전자기적 성질(파동)을 도입하여 설명하였다.
어쨌든 중요한 것은 자극 수용체는 아무 신경전달물질이나 받아들이지 않고 자신에게 맞는 물질과만 결합하거나 맞는 주파수에만 반응한다는 점입니다.
안돼!
따라서 제자의 어리석음을 일깨우는데도 그에게 적절한 자극이 되는 의식의 자극전달 파동이 있어야 한다는 것입니다.
아…
수리 수리
그에게 맞지 않는 자극파동은 도움이 아니라 오히려 침해행위가 될 뿐입니다.
내 법이 옳고 밝으니 이것을 써야한다며 모든 어리석음에 자신이 얻은 법, 자신을 깨우치는데 사용된 경험이나 방법만을 강요하는 이가 있습니다.
내가 길이다!
내가 법이다!

그의 의도는 좋을지 모르나
그 쓰임은 구(寇:침략자)와
같습니다.
헉!
상(象)에 이르기를 이용어구(利用禦寇)는
상하(上下) 순야(順也)라 했습니다.
산수 몽괘
침탈행위를 제어함이 이롭다는 것은
그때 상하가 서로 따르게 되기
때문이라는 것입니다.
아…
저거다!
순(順)하다는 것은 서로 거스리지 않고
따른다는 것입니다.
順
나는 너무
착해~
한자의 어원을 밝혀놓은 설문해자에서는
순(順)에 머리 혈(頁)을 쓴 것에 대해
사람을 예로 들며,
川 頁
"사람이란 머리끝에서 발끝까지
물흐르듯(川) 그 순함이 지극하기
때문(人 自頂以至於踵 順之至也)"
이라 하였습니다.

인체의 모든 부분은 서로
순하게 공명하고 있으며
물 흐르듯 서로를 따르고
있다는 것입니다.
설문에 또 순은
이치라 했습니다
(順 理也).
理란 왕(王)이 마을(里)을 다스리
는 방책을 나타냅니다.
따라서 이것을 우주적으로 확대하면 우주가
다스려지는 이치이며, 인체로 축소하면 인체가
무리없이 순하게 신진대사를 해나가는
이치인 것입니다.
인체의 정보와 이치의 전달 핵심인
시냅스(뉴런과 뉴런 사이의 틈)에서
자극 전달체와 자극 수용체의 주파수가 맞아
서로 공명하듯이,
시냅스
뉴런
뉴런
上인 스승은 침해하려는 뜻을
조절하고(禦寇), 下인 제자는
어리석음을 깨우치게 되니(擊蒙)
상하가 순(順)하게 되는 것입니다.
이와 같이 順이란
스승과 제자가 서로
공명하는 것을 말합니다.
웅
웅
그때 제자의 덮개는 쉽게
벗겨지고 그의 찬란한 빛은
스스로 빛을 발하게
될 것입니다.

기쁨과 수용성
췌(萃)괘 ①
이번 글부터는 모인다는 의미의 췌괘입니다.
기쁨을 뜻하는 택(澤)이 위에, 순하게 따르고 받아들인다는 의미의 지(地)가 아래에 있어 이루어진 괘입니다.
땅 위에 물이 모이는 형상입니다. 이때 땅은 스스로를 낮추어 물을 받아들이고, 물은 기뻐하며 모입니다.
기쁨과 수용성, 이 두 특성이 '모인다' 는 현상을 일으킵니다.
모여라~
기쁨
수용성

첫 설명으로 주역은 왕가유묘
(王假有廟)를 말합니다. 그것은 왕이
사당을 가지게 되었다는 뜻입니다.
사당은 보이지 않는 곳의 존재들에게
제를 지내는 곳입니다.
따라서 왕이 사당을 짓는다는 것은
'보이는 세계' 의 최고 통치자가
'보이지 않는 세계' 와 교감하고자
뜻을 두는 것이며,
그 마음의 저변에는 천하 모든 사람들의
뿌리가 되는 조상에게 제를 지냄으로써
그들과 함께 하겠다는 것을 의미합니다.
보이는 세계는 보이지
않는 세계에 그 뿌리를
두고 있습니다.
보이는 세계
보이지 않는 세계
왕이라는 최고 지위자에서 천
민의 가장 낮은 자에 이르기
까지 되돌아갈 마음의 고향은
조상입니다.
현실의 그 모든 차이에도 불구하
고 이들을 하나로 묶어주는 역할
을 하는 것, 그것이 바로 사당입
니다.

옛시절에 사당만큼 모든 이들을 하나로 묶어주는 것은 없었습니다.
마치 월드컵 응원으로 빈부귀천이 하나가 되듯, 이들은 사당에서 민족 공동의 조상에게 제를 지냄으로써 하나가 될 수 있었던 것입니다.
COREA
COREA
이렇게 보이는 세계는 보이지 않는 세계를 만날 때 모이게 되고 통합하게 됩니다.
1919년 이전만해도 물리학계에서는 사과를 떨어뜨리고 행성을 붙잡는 힘인 중력과 전자기력에 공통된 기반이 있으리라고는 아무도 생각지 못했습니다.
알버트 아인슈타인도 생애의 마지막 30년을 중력과 전자기력을 묶어줄 잃어버린 고리(missing link)를 찾느라고 다보냈다고 합니다.
고리가 어디 있을까?
그런데 1919년 테오도르 칼루자는 혁명적인 아이디어를 포함하는 한편의 논문을 아인슈타인에게 보냅니다.

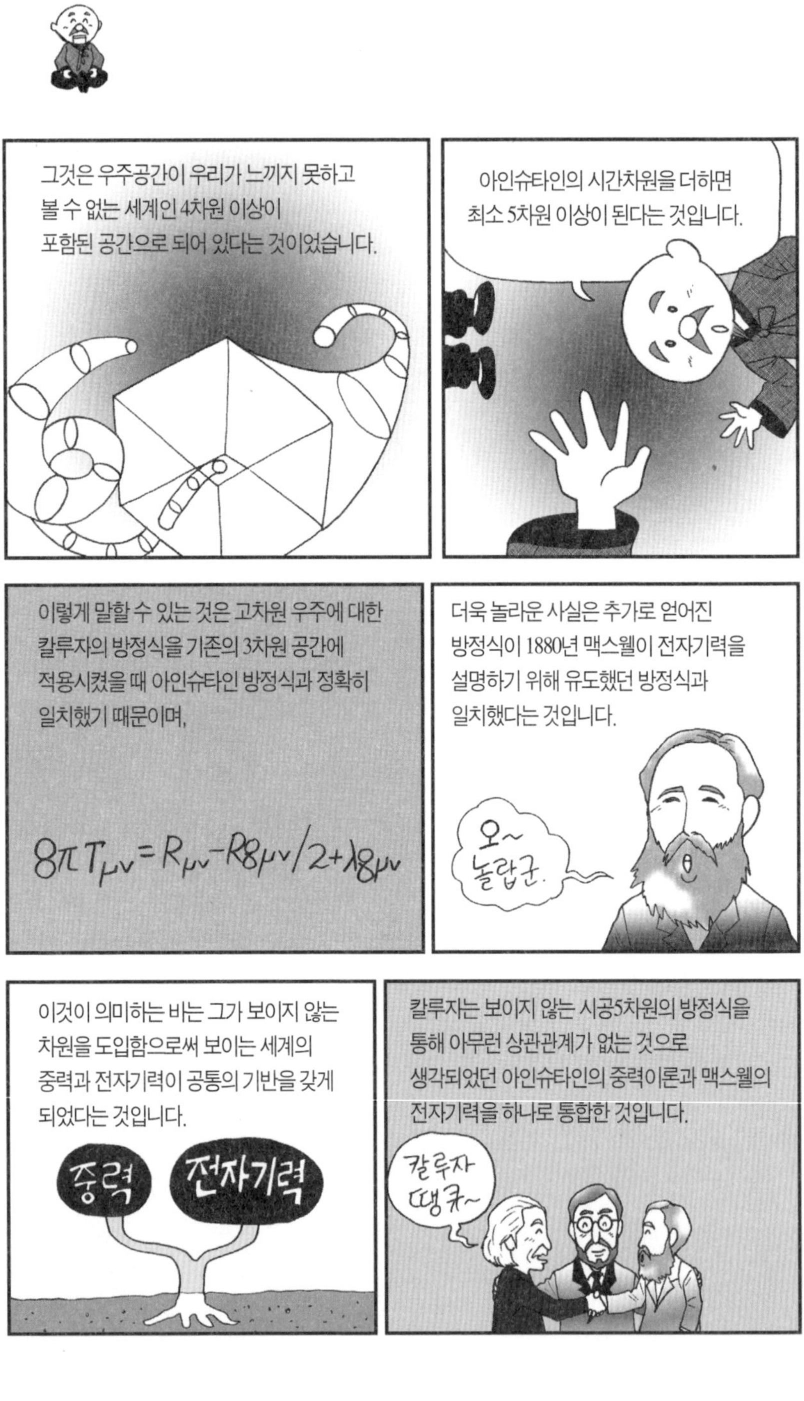
그것은 우주공간이 우리가 느끼지 못하고 볼 수 없는 세계인 4차원 이상이 포함된 공간으로 되어 있다는 것이었습니다.
아인슈타인의 시간차원을 더하면 최소 5차원 이상이 된다는 것입니다.
이렇게 말할 수 있는 것은 고차원 우주에 대한 칼루자의 방정식을 기존의 3차원 공간에 적용시켰을 때 아인슈타인 방정식과 정확히 일치했기 때문이며,
8πTμν=Rμν-Rgμν/2+λgμν
더욱 놀라운 사실은 추가로 얻어진 방정식이 1880년 맥스웰이 전자기력을 설명하기 위해 유도했던 방정식과 일치했다는 것입니다.
오~ 놀랍군.
이것이 의미하는 바는 그가 보이지 않는 차원을 도입함으로써 보이는 세계의 중력과 전자기력이 공통의 기반을 갖게 되었다는 것입니다.
중력
전자기력
칼루자는 보이지 않는 시공5차원의 방정식을 통해 아무런 상관관계가 없는 것으로 생각되었던 아인슈타인의 중력이론과 맥스웰의 전자기력을 하나로 통합한 것입니다.
칼루자 땡큐~

이것을 내면으로 옮겨보면 어떨까요? 보이는 차원과 보이지 않는 차원은 의식이 경험하는 세계와 경험할 수 없는 세계라고 대비할 수 있을 것입니다.
경험하는 세계
경험할 수 없는 세계
경험의 세계는 예를 들어 손가락으로 사물인 연필을 만질 때와 같은 순수 감각적 경험과, 콧등을 만질 때와 같은 의식의 이동에 의한 경험 등으로 나눌 수 있습니다.
후자의 경우, 콧등에 의식의 주체를 두면 콧등이 손가락을 느끼고 경험합니다.
손가락 이구나.
한편 손가락에 주체를 두면 순간 손가락이 콧등을 느끼고 경험한다고 생각하게 됩니다. 이같이 의식이 가있는 곳은 주체가 되어 대상을 경험합니다.
아 ~콧등이다.
한단계 더 깊이 들어가보면, 의식이 손가락에 가있든, 콧등에 가있든지 간에 우리는 의식 또는 주의력(注意力)이 어딘가에 가 있음을 '경험' 합니다.
즉 '의식' 자체도 경험되는 대상이 된다는 것입니다. 나의 내면에 누군가가 '있다' 는 것도 경험의 대상이 됩니다. 또 하나의 경험되는 세계이죠.

그렇다면 최종적으로 '의식' 을 경험하는 주체는 누구일까요? 의식의 드라마가 펼쳐지는 바탕은 무엇일까요?
그것이 바로 경험될 수 없는 세계이며, 보이지 않는 세계와 같다 할것입니다. 그것은 대상이 될 수 없기 때문에 알 수 없습니다. 그것은 콧등과 손가락, 주체자인 의식 그 모두의 공동조상인 것입니다.
그것은 마치 저울과 같습니다. 저울 위에 올려진 수많은 대상들, 머리카락에서 무거운 쇳덩이에 이르기까지 저울은 그 무게감을 느끼고 알아 눈금으로 표시합니다.
20
그리고 저울이 느낄 수 있는 '최종적인 경험' 은 아무것도 없을 때인 무(無)입니다. 그것을 '0(無)' 이라고 표시하지요. 그러나…
0
저울은 저울 자신을 저울질(인식)할 수 있을까요? … 없습니다. 그렇지만 그는보이는 모든 세계의 바탕이 되어 주고 있습니다.
이렇게 눈금으로 표시할 수 없는 저울 자신과 표시할 수 있는 보이는 세계가 서로 만남을 이룰 때 온전히 통합된 세계가 이루어집니다 . 이것이 왕가유묘(王假有廟)의 의미입니다.
그리고 그것이 '모인다' 는 뜻을 가진 췌괘의 괘사 첫문장이된 이유입니다.
어떤 일을 도모하기 위해 많은 이들이 모여야 한다면 앞으로 진행될 췌괘의 의미에 관심을 두어보십시오

상우상취로 전일을 이루다

췌(萃)괘 ②

또 한곳에 머물러 있기만(止) 하는 사람들에게도 새로운 만남이 이루어질 기회는 없습니다.
止
외로워~
만남은 길을 가다(行) 잠시 멈춰서서(止) 새로운 길을 모색하고, 다시 만나 같이 가고 하는 중에 이루어집니다.
즉 새로운 길을 보려는 사람들 사이에 만남이 이루어진다는 말입니다.
이렇게 새로운 길을 위해 만나는 사람들이 많이 모이면 취(聚)가 됩니다.
그러나 모이기만 하면 그 모임이 오래갈까요? 그렇지 않습니다. 오래도록 함께 모이는 모임을 잘 들여다 보면 이들이 하나가 되어있음을 알게 될 것입니다.
우리는 일심동체
그들은 합(合)하여 있는 것입니다.
그것은 마치 인체의 수많은 세포와 조직, 장기들은 서로 다르지만 모여 하나를 이루었기에(合) 그 모임이 오래도록 유지되고 있는 것과 같습니다.
우리 몸이 상우상취를 통해 이루어졌다는 것을 생물학자들은 오랜 연구를 통해 밝혀내었습니다.

1927년 미국 생물학자 아이번 월린(Ivan Wallin)은 우리 생체의 세포내 미토콘드리아가 원래는 박테리아였으며 그것이 세포와 공생하게 되었다고 발표하였습니다.
아이번 월린
당시엔 이단으로 비난받았지만 현대의 생물학자들은 동물이나 식물이 박테리아의 공생체로부터 기원한 원생생물 조상에서 진화했다는데 동의하고 있습니다.
그러한 공생체가 되는 과정의 일례는 이렇습니다.
투명한 원생생물에게 먹힌 녹색 세균이 저항력을 갖추고 그 몸안에서 살아남았습니다.
살았다
거기서 녹색 세균은 광합성의 산물을 원생생물에게 양분으로 제공하고, 자신은 원생생물의 몸안에서 햇빛이 비치는 안전한 울타리를 갖게 되어 상호 부조하게 된다는 것입니다.
누이 좋고 매부 좋고
인체 또한 다세포 군체라는 사실을 세포생물학자인 린 마굴리스는 다음의 예에서 밝히고 있습니다.
린 마굴리스
미국 워싱턴에 살았던 헨리에타 레인이라는 여성의 자궁 경부에서 떼어낸 세포는 1950년대에 그녀가 암으로 죽고 난 뒤에도 여전히 전 세계 실험실에서 계속 자라고 있다는 것입니다. 이러한 사실로 보아 우리 몸의 본질이 조직화된 진핵 세포들의 거대한 집합체라는 것입니다.

린 마굴리스는 지구가 하나의 거대한 생명체라는 제임스 러브록의 가이아 이론에 공헌을 하기도 했는데, 그녀의 이 공생체 개념이 극대화 된 것이라 하겠습니다.
Hi
이렇게 모든 생체는 각 개별체들의 거대한 공생체입니다. 즉 이들 개체들은 서로 만나서(相遇) 모이고(相聚) 합하여(相合) 하나가 되는 것입니다.
그리고 그 하나가 된 개체는 다시 상우상취상합(相遇相聚相合)의 과정을 거쳐 더 큰 차원의 생물로 변해갑니다.
그러므로 진정한 모임은 합하여 하나가 되어 있을 때입니다. 만남(遇)이 있고, 그 만남이 모임(聚)을 이루고, 그 모임이 합하여 하나를 이루는 것, 이것이 바로 상우상취입니다.
미래를 내다보는 사람들의 모임
이번엔 의식의 측면을 살펴볼까요?
행(行)은 목적을 갖고 떠나는 것입니다. 행동하는 것이지요. 사람들은 어떤 목적을 가지고 있을 때 행하게 됩니다.
行
行
行
목적!
목적!
목적!
목적!

그러면 많은 사람들이 어떻게 자신의 행을 멈추고 (止) 새로운 만남을 이루게 될까요?
STOP
그것은 목적을 가진 행위자가 사라지고 '행위'만이 남을 때입니다. 목적을 가지고 '정성'을 기울일 때는 어떤 방향을 향하고 있지만, 그 정성이 지극해지면
이때 그에게는 목적을 위해 정성을 기울이는 '자'는 사라지고 행위 자체에 대한 '정성'만으로 남아 있게 됩니다.
그는 이제 어떤 일에도 정성을 기울일 수 있게 됩니다. 이렇게 '정성' 만 남은 자는 멈춰서서 또 다른 '정성'만 남은 이와 만날 수 있게 됩니다.
이때 진정한 만남이 이루어집니다.
인도의 성자 메허바바는 '나는 신이다' 라고 천명한 사람 중의 하나입니다.
나는 신이다!
종종 우스운 일로 화를 내기도 하고 평범한 사람처럼 보였지만 그의 제자들은 그를 신처럼 모셨습니다. 그리고 그는 제자의 발을 닦아줄 때도 혼신의 정성을 다했다고 합니다.
동양의 경전 중 하나인 중용(中庸)은 이것을 잘 설명해 주고 있습니다.
중용

중용 제18장에 성자 천지도야, 성지자 인지도야, 성자 불면이중 불사이득, 종용중도 성인야(誠者 天之道也, 誠之者 人之道也, 誠者 不勉而中 不思而得, 從容中道 聖人也 : 정성 자체는 하늘의 도이고, 정성들여 노력하는 것은 사람의 도이다. 정성 자체란 억지로 노력하지 않아도 중도(中道)에 이르고, 생각하지 않아도 얻음을 말한다. 조용히 중도에 이르면 이가 곧 성인이다)라는 문구가 있습니다.
우리가 처음 어떤 일을 도모할 때는 목표가 있어 시작하지만, 그 일에 매진하는 동안 어느새 '자기'가 사라지고 모든 에너지가 몰입되는 경험을 종종 합니다.
특히 자신이 원하는 일을 할 때 그렇게 되기 쉽습니다. 이때가 하늘의 길인 '정성' 자체가 된 때입니다.
아~ 재밌다.
그때 그는 자신의 이익을 위한다는 생각도 없고, 이것이 안 되면 어쩌나 하는 두려움도 없으며, 잘되면 커다란 명예가 돌아오겠지 하는 생각도 없습니다.
탕–탕–탕–

그저 정성스런 행함만
있습니다.
이 순간 그가 자신의 상태를 자각하여 의식화한다면, 그는 이제 모든 일에 의식적으로 동시에 저절로 정성을 기울일 수 있게 될 것입니다.
정성 자체가 된 사람들, 그들에게서 만남이 일어납니다. 그리고 모이게 되며 하나가 됩니다. 이것이 췌괘의 괘사가 의미하는 바입니다.
괘사에 '왕가유묘(王假有廟)니 이견대인(利見大人)이 형(亨)하다' 라고 하였습니다. 왕이 사당을 가지게 되니 대인(大人)을 보는 것이 형통하다는 뜻입니다.
이때 대인이란 바로 정성 자체가 된 사람일 것입니다. 그는 진정한 만남이 어떻게 이루어지는지 압니다.
그리고 '정성' 을 전염시켜, 많은 사람들이 모였을 때 생기는 불화와 투쟁을 다스립니다.

내외의 존재들이 모이고 조화하다

췌(萃)괘 ③

그런데 현재 인류를 보면 강하나 중정(中正)에 있지 아니한 듯합니다. 그는 자신의 삶의 터전인 지구를 돌보지 않고 자신만 위대하고 커지며 안전하기를 바라고 있기 때문입니다.
이는 모이고 흩어지는(聚散) 우주적 리듬에서, 모이기(聚) 보다는 흩어지기(散) 전의 최고점에 있는 국면인 것입니다.
더는 못 참겠다.
건괘(乾卦)에서 가장 높이 위치한 上九의 효사인 항룡유회(亢龍有悔)와 같습니다. 지나치게 높이 오른 용은 후회함이 있다는 것이지요.
너무 높이 올라왔나?
그는 이제 다시 아래로 떨어질 위기에 처해 있습니다.
후후후
내가 최고야!
만일 그가 부드러운 음(陰)으로 바뀌거나, 스스로를 낮추어 구5(九五)의 자리로 내려오면 중정(中正)의 자리에 있게 될 것입니다(제5효는 양의 자리이고, 제6효는 음의 자리로 봅니다).
여기가 더 좋아!
현재 세계의 흐름도 항룡인 미국에 대항하여 유럽이 모이고, 동아시아가 모이려는 형국입니다.
ASIA
USA
EU

이는 세계 최강국인 미국이라는 항룡이 아래로부터의 조응(助應)을 얻지 못하고 도리어 대항군을 만들고 있기 때문입니다.
더이상 못참아!
EU
ASIA
그는 자신이 강하다 여깁니다. 올바름으로 전체를 위했던 스스로의 역할 때문에 강(剛)의 위치에 가 있음을 망각한 것입니다.
난 강해.
USA
우주는 뭉쳐서 하나를 이루려는 특성이 있습니다. 거기서 착각이 일어나는데 그 착각중 큰 것이 개별 주체가 있다는 착각이며, 더욱이 그 개별주체에 상하위계가 고정되어 있다는 착각인 것 같습니다.
현재 자신의 위치가 강하다 하여 자신이 높다고 알면 그것은 잘못 본 것이 되는 것입니다. 그는 단지 전체적인 흐름에 필요하여 가변적으로 임시의 위치를 점하고 있을 뿐인 것입니다.
내가 최강이다.
10
시야를 거두어 인체(人體)를 보면, 그렇게 뭉쳐 하나가 되려는 우주적 특성이 우리의 뇌에 부여한 것이 폐쇄성, 즉 완결지으려는 특성입니다.
아늑하군
뇌는 빠진 부분을 스스로 보충하여 하나의 완성을 이루려는 폐쇄성을 가지고 있습니다.
턱
완성
휴~ 완성했다.
가장 쉬운 예로 맹점(盲點)을 들 수 있습니다. 종이를 한장 가져다가 왼쪽에 X 표시를 하고 그 표시 우측 10cm 되는 부위에 작은 원을 그립니다.

그런 후 눈을 종이로부터 약 30cm 간격으로 떼고, 왼쪽 눈을 가리고 오른 눈으로 X 표시를 봅니다.
저건 흰면이야!
그러면 우측의 작은 원은 그냥 흰 면으로 보이게 됩니다. 사실 그 부위는 시각세포가 없는 부위여서 까만 구멍으로 보여야 하는데 뇌는 전체적으로 흰면을 만들어 완성된 모습을 보여주는 것입니다.
또 아래의 그림을 보면 평면의 선들의 모임이지만 마치 입체적인 글자처럼 보이는데 이도 마찬가지 입니다. 이것을 뇌의 폐쇄성이라 합니다.
뭔가 완성하고 결론을 지으려는 것, 닫힌계(closed system)로 만들려는 속성입니다.
우리의 의식 역시 이런 저런 틈들을 메꾸어 '나'가 있다고 착각을 합니다.
나
그러나 그 착각의 틈을 깊이 들여다보고 생각과 생각들 사이의 공간을 본후 닫힌계를 고집하지 않으면 무아(無我)를 통찰하게 될 것입니다.
다행히도 췌괘의 구5(九五)는 양강하나 자신이 가변적(可變的)으로 형성된 강(剛)의 위치에 있음을 알아 中正을 이루고 있습니다. 그래서 강중이응(剛中而應)이라 하는 것입니다.

정자(程子)는 이를 보고, 위아래가 기쁘게 따르고
(上下順悅) 위의 강한 양이 올바른 자리에 있어(陽
剛中正) 아래로부터의 도움이 있으며(下 應助), 그
래서 능히 모인다(故 能聚)고 했습니다.
이것을 우리의 기억시스템으로 살펴보면 이
렇습니다. 기억에는 재현기억과 비재현 기억
이 있는데, 그중 비재현 기억은 사진 찍듯이
기억하는 것이 아니라 패턴을 재구성하는
것입니다.
그러므로 항상 지금 이 순간에 그 재구성의
상황이 일어납니다. 최근에 보았던 사람의
얼굴은 사진 찍듯이 찍혀진 모습으로 기억이
되지만 오래전에 만난 사람을 기억해낼 때는
패턴으로 기억해내게 됩니다.
이때 패턴은 그 사람의 몸
의 형태, 목소리, 풍기던 향
기, 그와 함께 식사했던 음
식의 맛, 따뜻했던 날씨 등
이 모두 합하여져 종합적으
로 기억을 하게 됩니다.
이때 그의 얼굴은 흐릿하
긴 하지만 분명히 그 사
람이라는 느낌을 줍니다.
그런데 놀라운 것은 그러한 재
구성의 요소들이 매번 달라도
그의 얼굴은 분명 달라지지 않
는다는 것입니다.

예를 들어 오늘은 그를 만났던 당시의 날씨와 얼굴형태, 목소리를 통해 그의 얼굴을 기억해내고, 내일은 음식의 맛과 그에게서 풍기던 향기, 얼굴 윤곽 등을 재구성 하여 그의 얼굴을 기억해냅니다.
이렇게 구성요소는 다르지만 그 기억의 결과물은 같다는 것입니다. 이것을 현대 기억이론에서는 비재현기억이라고 합니다.
즉 컴퓨터와 같이 하드 디스크에 있는 정보를 그대로 불러내는 것이 아니고 지금 이 순간 패턴들을 재구성한다는 말입니다.
이를 보통 빙하에 비유합니다. 즉 빙하가 수백, 수천 번을 녹았다가 다시 얼어도 같은 빙하의 모습을 지닌다는 것입니다. 물론 세세한 부분에 있어서는 한 번도 같은 적이 없지만 큰 전체를 볼 때 빙하는 늘 그 모습으로 있습니다.
우리의 기억은 그렇게 늘 녹았다가 다시 얼어도 같은 형태를 유지합니다. 그리고 차이라는 틈들은 메워지고 보충됩니다.
기억
그런데 흥미로운 점은 우리가 '나' 라고 느끼는 주체로서의 감각도 이와 유사하다는 것입니다.
'나'

우리가 '나' 라고 부르는 것의 구성 요소들은 어릴 때부터 성인이 되어 죽음에 이르도록 끊임없이 변화하지만 '나' 라는 느낌은 항상 같은 느낌으로 유지됩니다.
'나'
마치 도끼 날과 도끼 자루가 번갈아 바뀌어도 변함없이 옛날의 그 도끼로 불리듯이 말입니다. 그 구성 요소들은 늘상 변화하여도 '나' 라는 느낌은 변화없다는 것이지요.
'나'
뭔가 차이가 나지만 차이나는 그 틈은 메워지고 보충되어 완결된 '나' 라고 불리는 것입니다.
나
이 '나' 라는 느낌이 오늘은 A라는 생각에 올라타 힘을 발휘합니다.
A
나
내일은 B라는 생각이 주(主)가 되어 하루를 이끌어갑니다.
B
나
미세하게는 시시각각 변화하는 생각과 감정들을 타고 힘을 발휘합니다. '나' 라는 이 느낌이 심신을 조화롭게 이끌어갈 때 그는 강중이응(剛中而應)의 상태이며, 수많은 생각과 느낌들이 모여 하나가 되어 있습니다. 잘 취합(聚合)되어 있는 것입니다.
나
그러나 이 '나' 라는 느낌 또는 생각이, 다른 생각이나 느낌을 억누르고 군림하려 하면 그들로부터 저항을 받게 됩니다.
'나'
이제 그만!

그래서 부분의 생각을 무시하고 수용하지 않을 때 '나'는 전체적으로 흔들리고 갈등에 빠져 심신이 피폐해지기도 합니다.
왜냐하면 '나' 라는 느낌 또는 생각도 깊이의 차이는 있으나 다른 모든 느낌이나 생각들과 마찬가지로 근원에서 떠오른 하나의 부분이기 때문입니다.
근원
이렇게 '나' 라는 것은 늘 흔들리게 되어 있습니다. 그저 상황이 그에게 강한 힘을 준 것 뿐입니다. 다시 말해 그가 강한 것이 아니라는 것입니다.
으악~ 흔들린다!
그래서 진정 강한 자는 '내가 강하다' 라고 하기 보다 전체를 아우르는 '강한 역할'을 하는 자인 것입니다.
그렇게 강중이응(剛中而應)은 바로 강한 '자' 보다는 강한 '역할'을 하는 것을 의미합니다.
내 역할이 강할 뿐!
그때 모든 내외의 존재들이 모이고(聚) 조화롭게 합(合)하여질 것입니다. 그리고 이것은 사회라는 거시세계에서도 마찬가지입니다.

자아의 경계가 모호해지는 일체감
췌(萃)괘 ④
췌괘에서는 처음 왕가유묘를 통해 제사에 대해 이야기 합니다.
사람들이 모이고 하나가 되며, 일체감을 느끼게 하는데 왜 제사가 그토록 중요하게 다루어 질까요?
제사의 진정한 의미는 무엇일까요? 그것을 정자는 한마디로
인심이 자진(人心自盡)이라고 표현합니다.
즉 그 당시 제사는 사람이 스스로 마음을 다하는 것, 자발적으로 온 힘을 쏟아 바치는 것이었다는 점입니다.
고로 천하의 마음을 모으는 것 중에 제사만한 것이 없다는 것이지요.

인심이 자진한다는 것은 다시 말해 우리의 내적인 에너지가 모여 스스로 쏟아부어지는 것을 말합니다.
그것은 일체감을 일으킵니다.
제사라는 도구를 통해 우리 조상들이 얻었던 것은 전 가족의 일체감이며, 전 사회의 일체감인 것입니다.
우리는 하나!
그것을 의식 안으로 가져와 보면, 일체감은 자아의 경계가 모호해지는 현상을 일으킵니다.
어디까지가 '나'이지?
일체감
나
너(세상)
일체감은 보통 어디서 올까요? 단순하게는 모든 리드미컬한 움직임이 일체감을 일으킵니다.
팅-
팅-
팅-
춤이 그렇고, 음악이 그렇고, 감정적 리듬이 그러합니다.

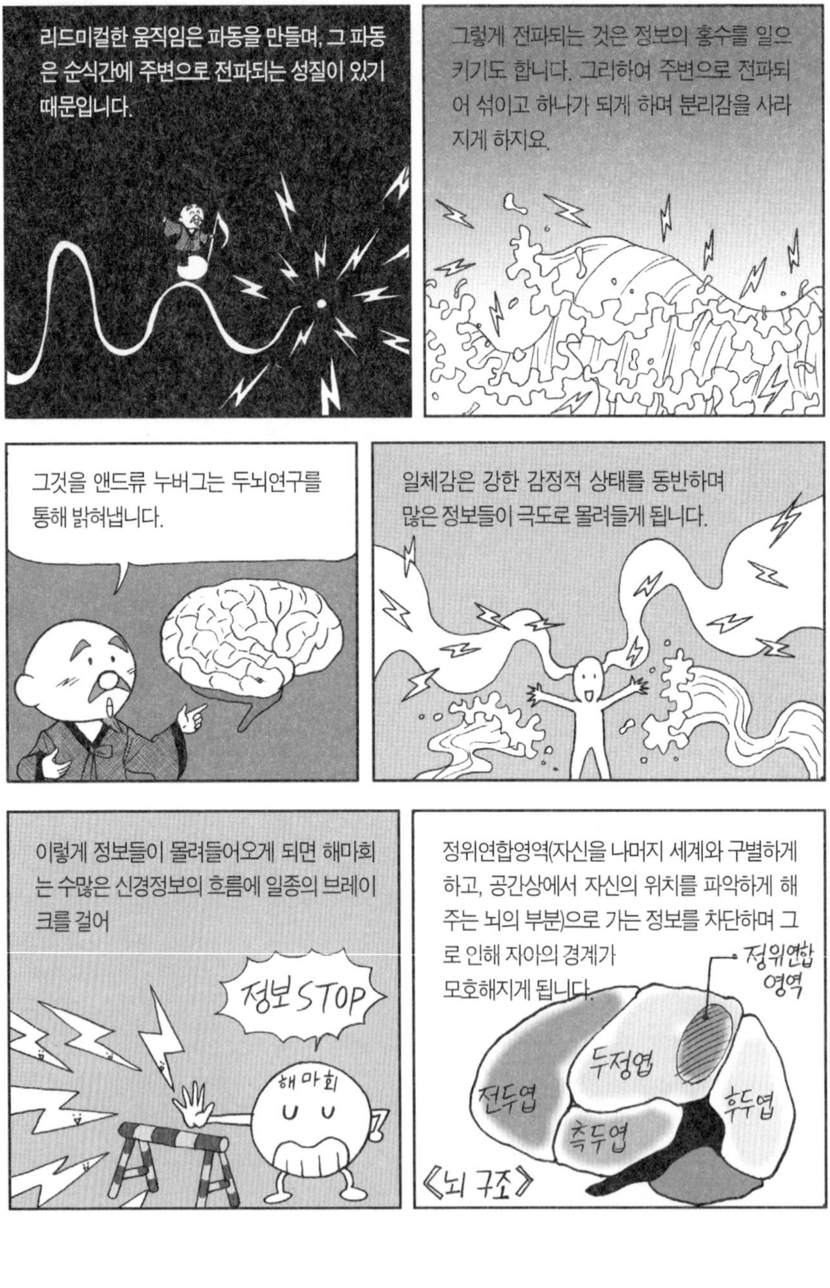
리드미컬한 움직임은 파동을 만들며, 그 파동은 순식간에 주변으로 전파되는 성질이 있기 때문입니다.
그렇게 전파되는 것은 정보의 홍수를 일으키기도 합니다. 그리하여 주변으로 전파되어 섞이고 하나가 되게 하며 분리감을 사라지게 하지요.
그것을 앤드류 누버그는 두뇌연구를 통해 밝혀냅니다.
일체감은 강한 감정적 상태를 동반하며 많은 정보들이 극도로 몰려들게 됩니다.
이렇게 정보들이 몰려들어오게 되면 해마회는 수많은 신경정보의 흐름에 일종의 브레이크를 걸어
정보STOP
해마회
정위연합영역(자신을 나머지 세계와 구별하게 하고, 공간상에서 자신의 위치를 파악하게 해주는 뇌의 부분)으로 가는 정보를 차단하며 그로 인해 자아의 경계가 모호해지게 됩니다.
정위연합 영역
두정엽
전두엽
후두엽
측두엽
《뇌 구조》

즉 신경생물학적으로는 두뇌가 감당할 수 없을 만큼 몰려드는 많은 정보들을 줄이기 위한 작용으로 인해,
더는 안돼!
해마회
자아감을 느끼는 영역이 차단된다는 것이며, 여기서 일체감이 생긴다는 것입니다.
내 덕이라고!
해마회
참으로 흥미있는 실험이 아닐 수 없습니다. 정보의 홍수가 도리어 정보를 멈추는 역할을 한다는 것입니다.
정보
정보
그런데 인심자진(人心自盡)으로 인한 아주 느린 리드미컬한 행위도 일체감을 일으키는데, 기도나 명상 같이 느린 행위가 억제계를 자극하여
억제계 자극
역시 해마회로 하여금 정위연합영역으로의 정보전달을 차단하여 우리가 느끼는 자아의 경계를 흐릿하게 함으로써 종교의식의 주 목표인 일체의 상태에 이르는 문을 열어준다는 것입니다.
해마회
정위연합영역

이렇게 제사의식은 인심자진을 통해 일체감을 일으킵니다.
그렇다면 오늘날 인심이 자진하게 되는 것은 무엇일까요?
지금은 사회가 복잡하고 정교해져 있는 시기여서 그만큼 사람의 지력과 본성을 보는 눈도 깊어졌습니다.
그러나 아이러니 하게도 그 깊은 의식을 써볼 틈도 없이 그저 빠르게 돌아가는 사회의 톱니바퀴 속에서 자신의 근본을 잊고 살아가기 쉽습니다.
그러기에 현대사회에서 사람의 마음이 스스로 가장 많은 에너지를 쏟고자 하는 곳은 바로 자신의 근본을 보는 것일 것입니다.
그래서 많은 이들이 명상에 관심을 두고 진정한 웰빙에 에너지를 쏟는 것 같습니다.
웰빙
이와 같이 인심자진의 효과를 주역은 왕가유묘 치효형야(王假有廟 致孝亨也)를 통해 말해주고 있습니다.

믿음과 앎의 세계

췌(萃)괘 ⑤

10여년간 멈추지 않고 해온 것, 그것이 앞으로도 그러리라는 믿음을 준다는 것이지요. 그것이 유부(有孚)입니다. 모임의 초기엔 믿음이 있다는 것입니다.
믿음
그러나 그의 믿음이 ‘앎’ 으로 이어지지 않는 한 그 믿음은 멈추게 됩니다. 왜냐하면 믿음 속에는 늘 ‘의심’ 이 들어있기 때문입니다.
믿
의심
음
그것이 내란내췌(乃亂乃萃)입니다.
췌괘의 효사로 풀자면, 초육(初六)이 상부의 구4(九四)와 올바르게 응하므로(正應) 믿고 따르나,
원래 있어야 할 자리에 있지 않으므로(첫효는 양의 자리인데 음이 왔으므로) 어지러움이 있다는 것입니다.
사람과 일(상황), 관계에 있어서 무슨 일을 하든, 우리는 믿음으로 시작하지만 도중에 의심이 들게 마련입니다.
혹시....
한 치의 의심도 없는 상태인 ‘앎’ 과는 달리, ‘믿음’ 이란 ‘앎’ 으로 가는 도정(道程)에 있기에, 그 안에는 이미 의심이 배태(胚胎)되어 있는 것입니다.
앎
의심
믿음
그러나 의심이란 믿음의 일종으로서 부정적인 방향으로의 ‘믿음’ 임을 안다면 그 힘이 방향만 바꾸면 순식간에 앎을 향한 믿음이 될 수 있음을 짐작할 수 있습니다.
의심
앎
믿음

그래서 의심이 강한 사람이 한번 믿게 되면 도리어 움직이지 않는 믿음이 생기게 되는 것입니다.
끝까지 간다!
어쨌든 췌괘에서 보자면 끝까지 가지 못할 것(不終)이란 의심입니다. 그러한 의심을 가지고 모이면 어지러운 모임이 된다는 것이 내란내췌(乃亂乃萃)입니다.
이것을 극복하기 위해서는 '믿음' 이 '앎' 으로 전환되어야 합니다.
믿음
= 앎
그런데 이것을 아십니까? '믿음' 이 곧 '앎' 이라는 것을?
믿음의 가장 깊이까지 내려가보면 거기엔 '앎' 이 있습니다. 그리고 앎의 가장 높은 곳까지 가보면 거기엔 '믿음' 이 있습니다. 놀랍게도 '믿음' 은 곧 '앎' 인 것입니다. 이 둘은 서로 이어져 순환하는 원을 이룹니다.
'믿음 = 앎'
우리의 의식적인 삶은 한쪽 끝이 '믿음' 이고 다른 쪽 끝이 '앎' 인 하나의 선상(線上)에 있는 것 같습니다. 왼쪽 끝은 강력한 믿음의 극성을 띱니다. 왼쪽에 가까울수록 앎을 중요하게 생각하지 않습니다.
믿음
앎
기독교와 같은 헌신의 종교가 추구하는 바입니다. 그는 알지 못해도 그냥 믿습니다. 그래서 겨자씨만한 믿음만 있으면 산도 옮기리라고 말합니다.

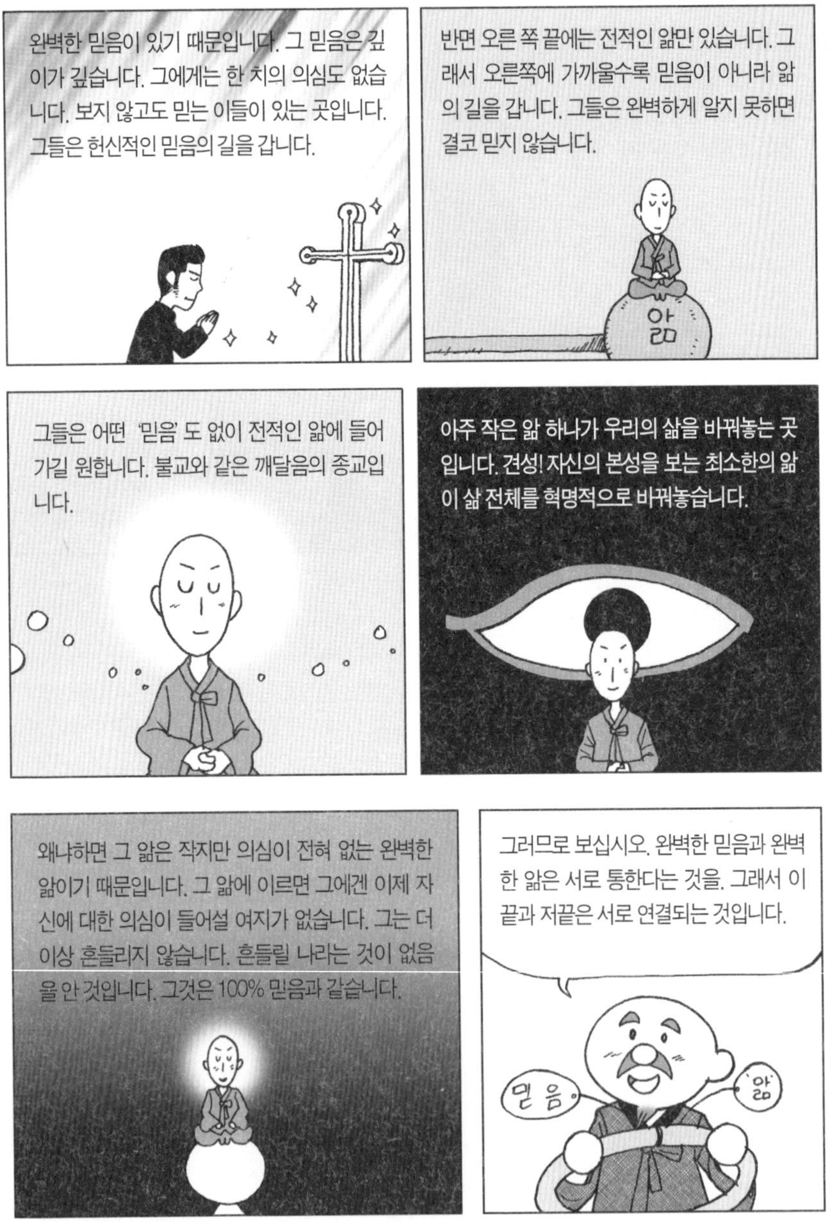

완벽한 믿음이 있기 때문입니다. 그 믿음은 깊이가 깊습니다. 그에게는 한 치의 의심도 없습니다. 보지 않고도 믿는 이들이 있는 곳입니다. 그들은 헌신적인 믿음의 길을 갑니다.
반면 오른 쪽 끝에는 전적인 앎만 있습니다. 그래서 오른쪽에 가까울수록 믿음이 아니라 앎의 길을 갑니다. 그들은 완벽하게 알지 못하면 결코 믿지 않습니다.
앎
그들은 어떤 '믿음' 도 없이 전적인 앎에 들어가길 원합니다. 불교와 같은 깨달음의 종교입니다.
아주 작은 앎 하나가 우리의 삶을 바꿔놓는 곳입니다. 견성! 자신의 본성을 보는 최소한의 앎이 삶 전체를 혁명적으로 바꿔놓습니다.
왜냐하면 그 앎은 작지만 의심이 전혀 없는 완벽한 앎이기 때문입니다. 그 앎에 이르면 그에겐 이제 자신에 대한 의심이 들어설 여지가 없습니다. 그는 더 이상 흔들리지 않습니다. 흔들릴 나라는 것이 없음을 안 것입니다. 그것은 100% 믿음과 같습니다.
그러므로 보십시오. 완벽한 믿음과 완벽한 앎은 서로 통한다는 것을. 그래서 이 끝과 저끝은 서로 연결되는 것입니다.
믿음
앎

이렇게 한톨의 의심도 없는 '믿음' 이 곧 '앎' 입니다. 그리고 앎이라는 것도 일종의 믿음입니다.
구제프의 제자 우스펜스키는 제3의 논리(Tertium Organum : 아리스토텔레스의 첫 번째 논리학인 오르가논(Organon)과 베이컨의 두 번째 논리학인 노붐 오르가눔(Novum Organum)에 이어 이 둘을 모두 뛰어넘는 제3의 논리라는 뜻에서 붙인 이름)에서 앎이란 무엇인가를 논하며, 깊이 파고 들어가 보면 앎이란 최종적으로 x=y와 같이 미지항만 남는다고 하였습니다.
즉 우리 앎의 기저로 가보면 x가 y를 정의하고, y가 x를 정의하는 것 같이 미지의 순환구조 속에서 '이해' 라는 것이 일어나고 있다는 것입니다.
x=y
x=y
이해
x=y
마치 앎이라는 양파껍질을 벗겨내면 속이 있으리라 여겨지지만 아무리 벗겨도 결국은 껍질만 계속되고 마지막에는 아무것도 남는 것이 없는 것처럼 말입니다.
그렇다면 근본에 이르러서는 앎이라는 것이 얼마나 허공에 핀 꽃과 같겠습니까? 그 꽃의 뿌리는 어디에 있습니까? 그것은 애초부터 근거없는 '나' 를 기반으로 형성되어 있는 것입니다.
그것은 텅빈 '태풍의 눈' 을 중심으로 막대한 태풍이 형성되는 것과 같습니다. 또 유클리드 기하학, 비유클리드 기하학이 몇가지 공리들을 당연한 것으로 인정하고 그것을 기반으로 학문의 탑을 쌓아가는 것과 같이....

'믿음' 의 인간은 쉽게 믿고 그것을 앎이라 여깁니다. 그에게 이것이 '학교' 라고 알려주면 그는 그대로 받아들여 자신이 학교라는 것을 '안다' 고 여깁니다. 그리고 실제 그는 '학교' 의 일부를 압니다.
학교
그러나 다른 모양의 학교를 보여주면 그것이 학교인지 모릅니다.
그는 많은 학교들을 경험하며 서서히 '학교' 라는 것의 원형을 알아갑니다. 그는 많은 종류의 학교를 안다고 여기는 것에서 '학교라는 것 자체' 를 아는 것으로 옮겨갑니다.
반면 '앎' 의 인간에게 이것이 학교라고 알려주면 그는 무엇이 진정한 '학교' 인지 그것의 가장 기본적인 요소에서 기능, 다양한 모습 등 '학교' 의 모든 것을 알려고 합니다.
그리고 그 모든 것을 알았다고 여기기 전까지는 자신이 학교를 '안다' 고 생각하지 않습니다.
나는 아직~♬ 모르잖아요~♪
그리고 그가 학교라는 것을 알겠다고 했을 때는 어떤 모습을 한 학교라도 그것이 학교인지 알아챕니다. 그 전까지 그는 자신이 안다고 여기지 않습니다.
이건 학교 운동장 흙이군!
그런데 여기 아주 작은 믿음이라도 '완전한' 믿음을 가진 이가 있습니다. 그가 모임을 시작합니다.
사람들이 보기에 그는 작습니다. 이제 시작하고 있으므로 그렇게 보입니다. 그런데 그 안을 들여다보면 그 믿음은 투명하여 흔들림이 없습니다.
믿음

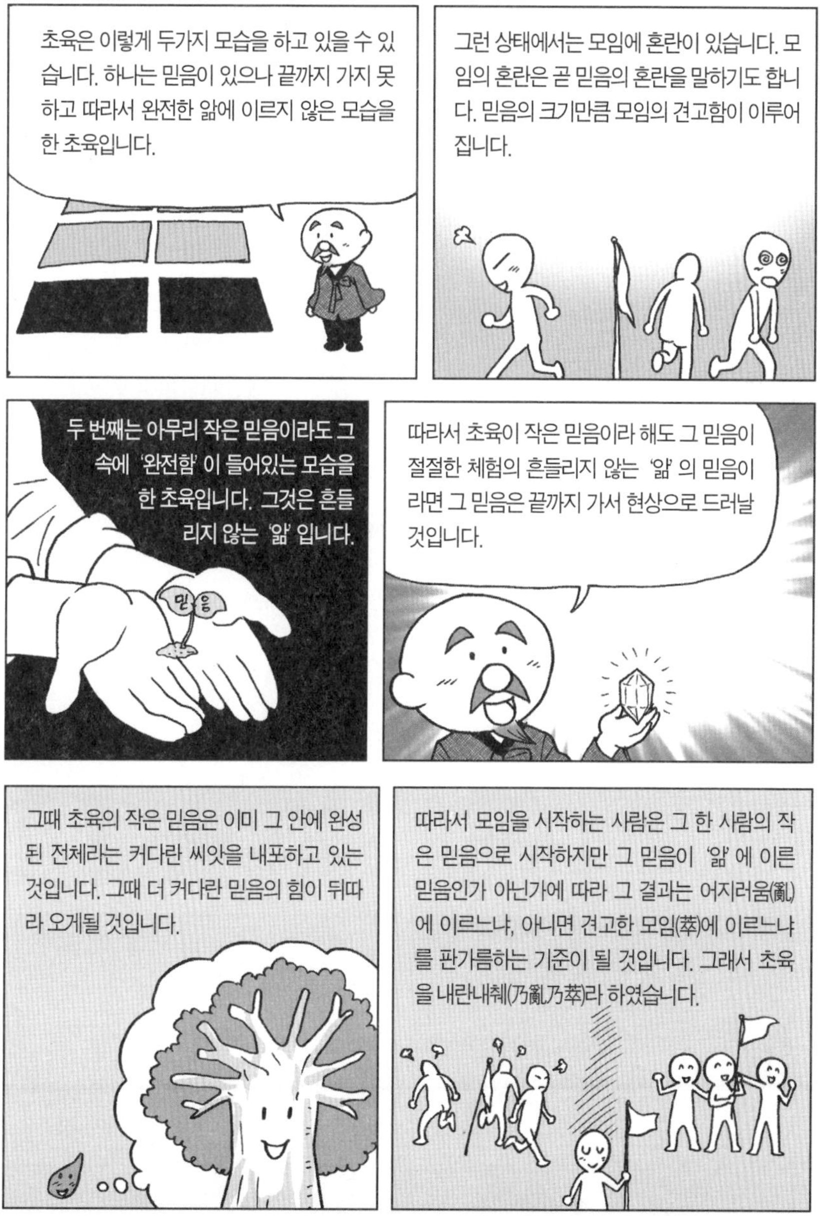
초육은 이렇게 두가지 모습을 하고 있을 수 있습니다. 하나는 믿음이 있으나 끝까지 가지 못하고 따라서 완전한 앎에 이르지 않은 모습을 한 초육입니다.
그런 상태에서는 모임에 혼란이 있습니다. 모임의 혼란은 곧 믿음의 혼란을 말하기도 합니다. 믿음의 크기만큼 모임의 견고함이 이루어집니다.
두 번째는 아무리 작은 믿음이라도 그 속에 '완전함' 이 들어있는 모습을 한 초육입니다. 그것은 흔들리지 않는 '앎' 입니다.
믿음
따라서 초육이 작은 믿음이라 해도 그 믿음이 절절한 체험의 흔들리지 않는 '앎' 의 믿음이라면 그 믿음은 끝까지 가서 현상으로 드러날 것입니다.
그때 초육의 작은 믿음은 이미 그 안에 완성된 전체라는 커다란 씨앗을 내포하고 있는 것입니다. 그때 더 커다란 믿음의 힘이 뒤따라 오게될 것입니다.
따라서 모임을 시작하는 사람은 그 한 사람의 작은 믿음으로 시작하지만 그 믿음이 '앎' 에 이른 믿음인가 아닌가에 따라 그 결과는 어지러움(亂)에 이르느냐, 아니면 견고한 모임(萃)에 이르느냐를 판가름하는 기준이 될 것입니다. 그래서 초육을 내란내췌(乃亂乃萃)라 하였습니다.

끌개, 끌림, 사랑

췌(萃)괘 ⑥

육2(六二)는 인(引)하면 길(吉)하여 무구(無咎)리니 부(孚)하여야 약(禴)을 씀이 이롭다
(육2는 끌림을 따르면 길하여 허물이 없으니, 믿음을 보여야 간략한 제사로도 이롭다).
육2는 현재 두 음(초육과 육3) 사이에 빠져있어 헤어나오기가 쉽지 않으나,
그 자신이 바른 중도(中道)의 자리에 있기 때문에 상위에 있는 구5에 끌리니 그 끌림을 따르고,
구5
육2
아~
자신의 이익을 취하는 두 음으로부터 벗어나면, 구5에게 믿음을 보이게 되어, 모임을 이루는데 허물이 없을 것이라는 말입니다.
육2
구5
정자(程子)는 이에 대해, 사람의 사귐에 있어(人之交) 서로를 구하면 합하여 하나가 되고(相求卽合),
뵙고 싶었어요.
상대방이 먼저 구하기를 기다리면 헤어진다(相待卽離)고 했습니다.
아쉬운 놈이 우물 파겠지
꼴에 자존심은

사람이 사랑하여 서로 사귈 때는 먼저 말을 걸고, 전화를 하며, 사랑을 표현합니다. 그리하여 하나가 되는 것이지요.
사랑해
사랑해
그렇지 않고 상대가 먼저 전화하기를 기다리고, 무언가 해주기를 기다리며, 사랑표현 해주기를 기다린다면 헤어지는 수순을 밟고 있다고 해야겠지요. 그것이 상대즉리(相待卽離)입니다.
왜 전화를 안 하지?
누가 이기나 보자!
서로를 끌어당긴다는 것은 끌림이 있다는 말입니다. 비록 낮은 곳에 있지만 중도를 지키고 올바른 길을 가려는 육2는 높은 곳에 있는 올바른 구5에게 끌립니다.
N 구5
육2
이는 구5 역시 마찬가지입니다. 낮은 곳에 있어 어려움을 무릅쓰고 올바름을 지키려는 육2에게 힘을 실어주고 싶고 끌리는 것이지요.
구5
넌 할 수 있어!
육2
이러한 올바름에 대한 끌림은 서로간에 모임(萃)을 이루고 유지시키는 커다란 힘입니다.
올바름
육2와 구5는 서로가 올바른 자리(음의 자리이면서 하괘의 중앙에 있는 육2, 양의 자리이면서 상괘의 중앙에 있는 구5 모두 자기 자리에서 올바른 모습을 하고 있다)에 있으므로 해서 서로를 끌어당기고 있습니다. 이러한 끌림은 생명을 지탱하는 힘이기도 합니다.
구5
육2
왜 우리는 숲에 가면 상쾌하고 숲이 끌리는 걸까요?

그 이면에는 숲은 우리에게 생명을 주는 산소를 내뿜고, 우리도 다 쓰고 내보내는 이산화탄소를 통해 숲의 생명력이 되어주는, 서로를 살리는 관계이기 때문일 것입니다.
상생관계로서 인간과 숲은 서로에게 없어서는 안될 존재인 것이지요.
그렇다면 왜 우리는 양심의 소리에 끌리는 걸까요?
그 양심의 소리는 자신의 이익만을 위해 타인을 희생시키는 대신에 올바름을 말하기 때문일 것입니다.
이 올바름이란 바로 인류 전체, 자연 전체를 끊임없이 재생산하고 유지시키는 기초원리의 표현이지요. 이 또한 전체를 살리는 우리 내면의 '고요한 목소리'인 것입니다.
이러한 끌림(attraction)은 수많은 혼란으로 가득한 것 같은 자연계 전체에도 존재하며, 사회적 혼돈으로 힘들어하는 듯한 인간계 전체에도 존재하여 질서를 유지시킵니다.
첨단 물리학 이론인 복잡계 이론에서는, 카오스 즉 혼돈상태도 그 끝없는 혼돈으로 가득할 것 같은 속에 '끌개(attractor)'라는 질서의 기반을 태동시킨다고 말합니다.
로렌쯔가 기상예측을 연구하다가 발견한 '이상한 끌개'는 그것을 표현하기 위해 흔히 사용되는 예입니다.

혼돈은 결코 혼돈으로 끝나지 않는다는 것입니다. 그 안에는 만물을 껴안고 가는 위대한 자연의 기초질서인 끌림이 내장되어 있다는 것입니다.
그것을 물리학적으로는 끌개라 이름하였고, 자연에서는 자연적인 끌림이라 하였으며, 인간에게서는 사랑이라 한 것입니다.
끌개
끌림
사랑
서로를 끄는 것, 거기에는 미묘하지만 거부할 수 없는 힘의 장이 존재합니다.
그리고 그러한 끌림 속에 전체를 조화롭게 유지하는 법칙이 드러납니다. 끌림 속에서 이들은 타인이 알 수 없는 자신들만의 의사소통이 있으며, 네트웍이 이루어져 있는 것입니다.
최근 분자생물학에서 관심의 초점은, 유전자 서열의 구조에서 유전적·후생학적인 네트워크 구조로 옮겨가고 있다고 합니다.
즉 연구자들의 관심이 유전자 프로그램에서 그것의 발현 속성으로 넘어가고 있다는 것입니다. 이는 생명과학에 대한 완전히 새로운 접근방식입니다.
이제는 발현 속성 이다.
유전자 발현속성
유전자 프로그램

게놈(유전자+염색체)의 구조는 모든 세포에서 동일하지만 유전자의 활동패턴은 다른데, 이 유전자 활성화의 차이를 가져오는 것은 주변환경의 네트워크에 영향받는다고 합니다.
앗! 네트웍
게놈
게놈
게놈

즉, 활성유전자는 게놈에 존재하지 않고 세포의 후생적(後生的) 네트워크에 존재한다는 것이지요.
활성 유전자

간단히 말해 유전자 활동의 패턴은 주변상황의 변화에 따라 끊임없이 반응한다는 것입니다.

인간게놈과 침팬지의 게놈, 생쥐의 게놈은 놀라울 정도로 유사한데도 그 생물학적 형태와 기능은 참으로 현저한 차이가 납니다.

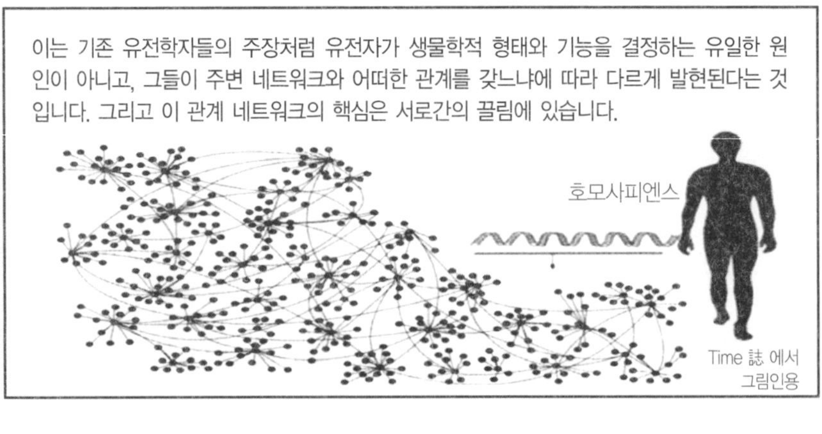
이는 기존 유전학자들의 주장처럼 유전자가 생물학적 형태와 기능을 결정하는 유일한 원인이 아니고, 그들이 주변 네트워크와 어떠한 관계를 갖느냐에 따라 다르게 발현된다는 것입니다. 그리고 이 관계 네트워크의 핵심은 서로간의 끌림에 있습니다.
호모사피엔스
Time 誌 에서 그림인용

기상(氣象)과 같이 끊임없이 변화하는 혼돈현상을 연구하던 미국 MIT대학 에드워드 로렌츠는 지표면으로부터 열을 받아 대기가 가열되고 대기의 움직임이 날씨를 결정한다고 생각하게 되었습니다.
그리고 실험결과 지표면에 의한 대기의 가열 정도에 따라 다양한 날씨의 변화가 관찰되었습니다.
지표면에 의한 가열이 작을 경우 기상 변화가 전혀 없었고, 좀 더 가열되면 삼한사온(三寒四溫)과 같이 주기적인 기상 변화가 일어났는데,
놀랍게도 대기를 더 가열하자 아무리 시간이 지나도 날씨가 반복되지 않고 매우 불규칙하게 변화하였습니다. 다시 말해 날씨가 늘 변화하고 있어 1주일 뒤의 날씨를 예측할 수 없었던 것입니다.
내일은 뭐 입지?
이렇게 끊임없는 불규칙한 변화를 현대물리학에서는 카오스라고 부릅니다.

그런데 더욱 놀라운 사건은 이러한 혼돈의 궤적을 위상공간에 그려보면 전혀 불규칙할 것 같은 그 혼돈현상 속에 규칙운동을 암시하는 수학적인 끌개를 보여준다는 것입니다.
흐르는 강물을 유심히 지켜보면 물이 흐르다 어느 지점에서 소용돌이 모양의 끌림 지점이 형성되는 것을 볼 수 있습니다. 물리학의 끌개를 쉽게 이해하자면 이 소용돌이와 같다고 하겠습니다.
인간들 사이에도 서로 간에 끌림의 느낌이 있습니다. 그러한 끌림을 통해 관계를 맺습니다. 제3자가 보기에는 전혀 어울릴 것 같지 않은 사람들이 서로에게 끌리고 사랑에 빠집니다.
도대체 무엇이 이들로 하여금 이러한 인력(引力)의 회오리를 우주에 드러나게 하는 걸까요?
윙
윙
그것은 유전자가 활성화 되는 것과 같은 원리입니다. 그들은 상대에게서 자신 속에 내재한 생명력을 활성화시키는 요소를 자신도 모르게 자연스레 발견한 것입니다.
애인의 말 한마디에 상처입고, 손끝 한 터치에 황홀경을 오가며, 무질서한 혼돈 같은 그 감정의 폭풍 속에서도, 이 둘을 묶어주는 사랑의 끌개가 작용하고 있는 것입니다.
나, 잡아 봐랑~

이것을 사회적으로 적용시켜보면 어떤 모습일까요? 바른 일을 하는 사람에게 알지 못할 힘이 도움을 주고, 꿈에 미래가 현몽하며,
이렇게 하면 된다.
답
전혀 알지 못하던 사람이 나타나 도움을 주는 것은 전체의식이 모두 한덩어리로 조화를 이루며 질서를 잡아가고 있기 때문인 것입니다. 그가 전체의 삶을 유지시키는 일에 에너지를 쏟고 있기 때문입니다.
육2와 구5는 바로 그렇게 끌립니다. 이들이 서로 끌리는 그 끌림을 따를 때 이루어질 일이 이루어지고, 일어날 일이 일어나며, 전체가 온전히 유지되는 것입니다.
구5
육2
그래서 췌괘의 육2는 현재의 초육과 육3에게서 빠져나와 끌림을 따라 구5에게로 향한 믿음을 보일 때,
육2
물질적으로 의식(儀式)을 진행하는 제사는 간략히 해도 되며, 도리어 길하다 한 것입니다.
자연스런 끌림을 따를 때, 그때 모임은 잘 이루어질 것입니다.

카오스에서 정연한 질서로

췌(萃)괘 ⑦

육3은 구4와 육2의 개별적인 특성에 호소하여 접근하므로 그들은 응해주지 않는 것입니다.
왜 나만 미워해~!
육3은 올바름을 모르고 있습니다. 올바름이란 개(個)에서 오는 것이 아니라 전일(全一)에서 오는 것임을.
뭐가 문제지?
그래서 스스로는 옳다 여기고 열심히 뜻을 모으지만 전일에 이르지 못하였기에 모임의 뜻은 이루어지지 않고 슬픔을 맛보는 것입니다.
팽
육3이 더 높은 비전을 보기 위해서는 구4 및 육2와의 개별적인 차이만을 보는 것이 아니라 더 큰 전체를 이루는 그들간의 보완성을 보게 될 때 다른 차원(上卦)에 있는 상육(上六)으로의 길이 보이게 될 것입니다.
보완성이란 전체의 일부로서 서로가 서로에게 도움을 주고 받는 상호의존성을 말합니다. 이는 곧 전일(全一)에로 이르는 길에 첫발을 디딘 것입니다.
그러나 아직 그점을 알지 못하는 육3은 모이다가 슬프다가 합니다(萃如 嗟如).
이때 육3이 개체로서의 자신을 위한 모임을 기획하지 않고 자신이 속해있는 더 큰 전체의 이익을 위한다면 큰 잘못 없이 모임을 이룩하게 될 것입니다.
공익

그래서 주역에서는 이를 往하면 無咎(위에 있는 상육에게 가면 허물이 없다)라고 하였습니다.
모든 개체에게 있어 스스로를 위하는 길은 탄생의 길이요, 전체를 위함은 소멸의 길입니다. 그러나 그 소멸은 또한 거대체로 거듭나는 새로운 탄생이기도 합니다.
육3이 슬픔을 벗어나 허물이 없기 위해서는 바로 이렇게 전체를 위한 삶으로 가야 하는 것입니다.
맛 있겠다.
이는 마치 고속도로에서 한 개체로서 쌩쌩 자유롭게 달리던 자동차들이 추석 귀성길에서는 하나의 거대한 행열을 이루어 자유를 제한받지만, 결과적으로 감사와 활력의 원천인 고향으로의 대이동을 질서있게 이루어내는 것과 같습니다.
이때 개개의 차들은 개체로서의 자유로움을 포기하고 전체 행열의 원활한 운행을 위해 협조해야 하므로 개체의 죽음과 같은 상태가 됩니다.
그러나 전체 행열을 위해 자유를 제한받는 개별 자동차들이 전체의 흐름에 따를 때 가장 효율적인 운행이 가능합니다.

독일의 한 연구소에 의하면, 고속도로에서 차들을 멋대로 달리게 내버려둘 때와 질서 정연하게 추월도 하지 않고 일정한 속도로 가게 할 때를 비교해보니 결과적으로 후자가 전체 자동차의 평균속도를 가장 높게 하더라는 연구결과를 발표했습니다.
'우리'가 더 빨라.
이는 또 흰개미 떼가 모여 하나의 거대 유기체를 형성하는 것과도 같습니다. 이들은 전체에서 자신의 역할에 충실함으로써 하나의 초유기체(超有機體)를 이루어 생존을 더 잘 유지해나가는 것입니다.
육3의 슬픔은 '나'라는 소아로 존재하면서 모임이 가능하리라고 본다는 데 있습니다. 육3이 구4 및 육2와 도모하여 거대체를 구상해보지만 '자기'가 살아있는 채로 자신이 주도하여 모임을 만들려하니 안되는 것이지요.
내가 주군 한다~
흥!
헉
헉
그는 스스로 죽어 더 큰 통일체로 거듭나야 합니다. 그를 위해 상육(上六)에게 스스로를 숙여 들어가야 하는 것입니다. 그때 육3은 새로운 차원으로 거듭나게 될 것입니다.
백의 종군 하겠다.
그러면 왜 이러한 슬픔이라는 현상이 나타나는 것일까요? 그것은 육3이 기본적으로 자신의 세계를 구축하려는 음적(陰的)인 특성을 가지고 있기 때문입니다.
이 전체과정은 자신을 위해 에너지를 아무리 쏟아도 혼란만 가중시키지만 큰 질서를 위해 더 높은 에너지를 투입하면 놀라운 질서가 나타나는 버나드셀 현상을 닮아있습니다.

팬 위에 물을 붓고 천천히 열을 가하기 시작하면 처음에 열은 차가운 물을 열전도를 통해 위로 끌어올립니다.
물 표면은 움직임이 부드럽고 크게 동요하지 않지만, 모든 액체는 열평형이라는 법칙에 따르기 때문에 아래에 있는 물은 뜨거워질수록 부피가 커져 밀도가 낮아지고 점차 위로 상승하려 하는 것입니다. 동시에 위에 있던 차가운 물은 아래로 떨어집니다.
시원하다.
아~ 더워.
이런 흐름 속에서 물은 소용돌이치며 혼란한 상태가 됩니다. 그러나 계속해서 열을 가하게 되면 임계점에 이르게 되는데 이때 물은 놀랍게도 무질서에서 질서로 도약하는 것입니다.
보글
보글
이 현상은 무질서한 움직임만으로는 더이상 열기가 빠르게 분산될 수 없을 때 일어납니다. 이때 물의 작은 소용돌이는 더 큰 규모의 흐름 속으로 확장해 들어가게 됩니다.
마술과도 같이 물은 우연으로 가득한 혼돈의 움직임에서 안정적인 대류로 옮아가며, 규칙적인 육각형 격자무늬를 이루어내는 것입니다. 이것을 버나드 대류(對流)라고 합니다.

육3은 처음 자신의 모임을 위해 에너지를 쏟지만 진정한 모임을 이루어내지 못합니다. 자신을 위해 애쓰는 에너지로는 이룰 수 있는 것이 있고 그렇지 못한 것이 있지요.
육3
그러한 작은 소용돌이는 더 큰 규모의 흐름을 이루기 위해 더 큰 목적 속으로 녹아들어가야 합니다. 그때 더 큰 규모의 에너지가 나올 수 있는 것입니다. 그를 위해 소아적인 자신을 내려놓아야만 합니다.
그러나 육3이 자신을 내려놓기는 참으로 힘듭니다. 왜냐하면 그는 이미 하괘(아래 세 효)의 영역에서 가장 높은 곳에 있어 지배자의 맛을 보았기 때문입니다.
육3
에고가 강하게 형성되어 있는 것입니다.
그는 부드럽고 음적(陰的)이며 자신만을 위하는 특성을 가진 채 앞에 서고 또 위에 서려 합니다. 그동안 높아져있는 자기를 내려놓기는 참으로 어렵습니다.
육3
그렇게 '내려놓음'이 이루어지지 않는 한 전체성의 모임을 이루기는 힘듭니다. 그래서 육3의 모임은 슬프다고 한 것입니다.
그리고 이를 두고 주역본의(周易本義)에서는 "힘들어진 연후에(困然後) 음적인 특성이 극도로 강하고 지위도 없는 위치(陰極無位之爻)에 이른다" 한 것입니다.

그러나 한번 육3이 자신을 내려놓고 높은 뜻의 상육을 따르는 순간 그는 더 큰 세계에 발을 들여놓게 됩니다.
육3
마치 혼란스런 카오스의 와중에 있던 물 흐름이 어느 순간 질서 정연한 버나드 셀을 이루듯이, 육삼은 전체라는 비전을 보게 되는 것입니다.
육3
이것은 우리 마음의 현상에서도 같습니다. 무언가 삶의 의문에 사로잡힌 한 사람이 처음에 그것을 해결하기 위해 혼신의 에너지를 쏟아 답을 구해보지만 그의 마음은 도리어 의문이 없던 때보다 더 큰 혼란으로 가득하게 됩니다.
그러던 그가 자기라는 작은 한계를 버리고, 자신을 유지하기 위해 쏟던 에너지를 넘어, 진정한 탐구를 위해 자신의 모든 것을 버릴 만큼 에너지를 쏟을 때,
비로소 놀라운 우주의 내적 질서를 발견하는 것과 같습니다. 그때 그는 더 이상 혼란에 휘둘리지 않고 내적인 버나드 셀을 이루게 될 것입니다.
육3도 그와 같습니다. 그가 초기 모임을 이루려는 데서는 슬픈 일만 일어나지만,
상육(上六 : 여섯 번째 효)의 높은 뜻을 향해 갈 때 허물이 없게 된다는 것입니다. 이때 그는 하괘(下卦 : 小我의 세계)에서 상괘(上卦 : 大我의 세계)로 비상하게 될 것입니다.

자신을 이기고 주변에 맞출 줄 아는 자

췌(萃)괘 ⑧

두루 선하고 크게 생각하라는 이 문구(大吉無咎)는 좁고 세심한 것에 신경쓰는 우리에게 넓게 사고하라고 권합니다.
넓은 것을 생각하고 大吉에 의식의 초점을 모으는 동안 우리는 점차 자신도 모르게 넓어져 갑니다. 그것이 이 효를 뽑은 자의 의식을 확장시킵니다.
대길무구(大吉無咎)! 이는 현재 처한 어려움을 알려주기도 하지만, 그럼으로써 새로운 차원으로 접어들었음을 말해주기도 합니다.
와~새로운 차원이다.
그는 이끌려지는 차원(下卦)에서, 이끄는 차원(上卦)으로 나아간 것입니다. 다만 그 새로운 차원의 처음 단계에서는 상하의 연결을 먼저 해야하는데 3효에서 4효로 오르던 관성으로 양적인 기운을 쓰니 오류가 많이 나게 된다는 것이지요.
처한 환경에 의해 영향을 받는다는 사실은 18세기 독일 물리학자 에른스트 클라드니가 발견한 '클라드니 도형(아래 그림)'이 잘 시사해주고 있습니다.
이 도형에서는 모래 형태가 주변의 주파수에 영향을 받아 다양한 모습을 나타낸다는 것을 보여줍니다.

얇은 금속판에 고운 모래를 뿌려놓고 바이올린의 활줄로 그 판을 켜면 거기에 전해진 특정 주파수에 따라 모래가 특정 형태를 띄게 됩니다.
심지어는 '오'라고 마이크에 대고 소리를 내면 금속판에는 'O'형태의 입 모양과 비슷한 모습을 띄기도 합니다.
오~~
물리적인 형태 역시 일정한 속성이 있으며, 그 안에 담긴 내용물의 질을 변경하거나 영향을 미친다는 것이 잘 알려져 있습니다.
'생명조류', '초자연' 등의 저자인 라이얼 왓슨에 의하면 프랑스의 한 회사는 특수한 용기로 요구르트를 만드는데 그 용기의 모양을 통해 미생물의 활동을 촉진시킬 수 있음을 확인하고 특허를 얻었다고 하며,
이런 모양이 번식하기 좋아~
요구르트
미생물
체코슬로바키아에서 맥주를 만드는 양조업자는 맥주를 담는 둥근통을 각이 진 통으로 바꾸자 맥주 제조방법에 아무런 변화가 없었음에도 불구하고 맥주의 질이 낮아지는 결과를 가져왔다고 합니다.
이같이 우리는 똑같은 사람도 정장을 입으면 신사가 되고, 군복을 입으면 거친 군인처럼 행동하는 것을 종종 봅니다.
안녕 하세요.
안녕 하슈~
또 사회적 지위나, 회사에서의 직위, 업무부서에 따라 거기에서 일하는 사람이 큰 영향을 받기도 합니다.
사장

췌괘의 구4는 바로 이점을 말하고 있습니다. 자리는 음(陰)의 자리인데 양(陽)이 왔으니 자리의 영향을 받아 양이 제대로 역할을 해내기 어렵다는 것입니다.
내 적성에 안 맞아.
그래서 크게 길할 때까지 기다리고 노력해도 얻는 것은 '허물이 없는 정도'인 것입니다.
휴~ 겨우 본전 치기 했다.
그러나 허물이 없음을 얻었다는 것은 양적인 특성으로서 음의 자리에 무리없이 있었다는 것을 의미하며 따라서 위와 아래를 잘 연결해주었음을 뜻합니다.
그는 양으로서 음을 이해하고 받아들이게 된 것입니다. 이 점이 그에게 더 큰 역할을 맡는 계기가 될 것입니다.
이젠 널 이해할 수 있어.
정말?
자신의 타고난 특성을 이기고 환경이 요구하는 것에 맞출 줄 아는 양(陽), 그는 이제 어떤 자리를 맡더라도 무엇이든 잘 해낼 준비가 된 것입니다.
무엇이든 맡겨 주세요.
'자신을 이긴자'가 가장 강한 자라는 말에서 보듯이 그는 대길무구를 통해서 겉보기의 양이 아닌 외유내강의 진정한 강함을 얻게 될 것입니다.

두 힘이 귀결되어 전생명체를 살리다

췌(萃)괘 ⑨

천하에 군림하는 구5는 대중을 모음에 있어 그를 지원하는 상육(上六)과 비(比: 서로 이웃하는 음양관계로 사적인 친함의 관계)의 관계에 있고,
구5
상육
육2
하괘의 육2(六二)와 응(應: 상괘와 하괘의 음양 상응)의 관계로 올바른 상응관계에 있습니다.
다만 초육과 육3이 구4(九四)와 친하거나 상응의 관계에 있어 구사에게 모이고 있는 형상입니다.
초육
육3
이는 왕이 자기 위치를 얻고 덕이 있어도, 그에게 귀의하지 않고 있는 자가 있는 형상이니, 이때 구5가 할 일은 그들을 자신에게 귀의하게 할 것이 아니라 수장으로서의 덕인 원영정(元永貞)을 닦으면, 구4(九四)가 이미 그의 신하이기 때문에 초육과 육3이 구4에게 귀의하는 것이 곧 자신에게 속한 것이 됨을 아는 것입니다.
구5
충성
구4
이는 구5와 구4가 제각각 따로 움직이는 듯 하나 결국은 전체 모임을 위해 하나의 힘으로 귀결함을 말해주고 있는데, 마치 각각의 운동패턴을 가지고 있는 듯 하나 지구 전 생명계와 함께 하고 있는 태양, 달의 관계와 같습니다.
굴에 대한 연구로 이름이 높은 프랭크 브라운(Frank Brown)은 아주 멀리 떨어져 있는 환경요소들이 생물에 미치는 영향에 대하여 25년 동안 연구를 해왔습니다. 그 결과, 철저한 실험실 장치에 의해 차단된 듯 보여도 생물들은 태양과 달의 위치를 추적해 그들을 뒤따른다는 사실을 알게 되었습니다.

브라운은 뉴잉글랜드 해변의 진흙 습지 위에 사는 진흙 달팽이들을 특수한 수족관에 넣어두었습니다. 이 수족관은 남쪽으로 뚫려있고 한번에 한 마리씩만 통과할 수 있는 출구가 나 있었습니다.
그는 여기서 3만 4천마리의 달팽이 움직임을 관찰했습니다. 이들은 오전에 동쪽으로 돌았고 오후에는 서쪽으로 도는 것이었습니다. 이것으로 이들이 멀리 떨어져있는 태양과 달의 리듬과 자장(磁場)을 통해 영향받고 있음을 알게 되었습니다.
달팽이들은 낮에는 태양을 따라 움직이고 밤에는 달의 운동패턴을 따라 움직였던 것입니다.
브라운은 지구의 자장보다 9배가 더 강한 자석을 사용해 이것을 밝혀냈는데, 이 자석을 지구의 자장과 평행하게 놓았을 때는 달팽이들이 태양을 계속 쫓아 다녔고, 지구 자장과 직각이 되게 놓자 갑자기 달의 운동패턴을 쫓아 움직였던 것입니다.
즉, 태양과 달은 달팽이들이 따르고 귀의하는 두 개의 커다란 중심축이 되어 주었고 그를 통해 태양과 달은 결국 지구의 자장과 영향을 주고받으며 생명의 토대역할을 하였던 것입니다.

강력하고 덕있는 구5와 큰 힘을 발휘하는 구4의 강한 양의 기운들이 생명을 모아 기르며 전체를 결집하고 있습니다. 이는 태양과 달의 자장이 지구에 영향을 미쳐 지구의 전 생명계를 살아있게 하는 형상을 닮아있다 하겠습니다.
그렇다면 구5(九五)의 덕인 원영정(元永貞)은 무엇인가? 원(元)은 수장(首長)의 덕이라 했습니다. 이는 주인이 되고 하나로 통합하는 의미입니다.
영(永)은 항상하고 영원한 것을 말하고, 정(貞)은 곧고 견고한 것을 말합니다.
즉, 원영정은 무슨 일에든 주인이 되고 하나로 통합하며, 변함없이 항상하고 곧고 바르며 견고한 것을 이름입니다.
이미 그 지위와 힘에 있어 막강한 구오의 위치에 있으므로 이러한 원영정의 덕을 기르는데 힘쓴다면 아직 귀의하지 않은 초육과 육3도 머지 않아 구사를 통해 귀의하여 천하가 통일될 것임을 말하고 있습니다
75

시간 속의 삶과 영원의 삶

췌(萃)괘 ⑩

높은 자리란 전체를 위해 일해야 하는 자리입니다. 그런데 그는 어려움과 힘든 일은 피하고 싶어하면서 높은 자리가 주는 기쁨은 취하고자 합니다. 그러므로 아무도 그와 함께하려 하지 않는 것입니다.

정자(程子)가 이르되, '소인의 처신은 늘 그 마땅함을 잃는다(小人所處 常失其宜)' 라고 했습니다. 그는 탐욕으로 인하여, 자신의 분수에 맞는 편안한 곳을 선택하지 못하고, 무의식적으로 늘 자신에게 맞지 않는 위치를 선택한다는 것입니다. 그는 그것을 의식적으로 알지 못합니다.

그렇다면 그러한 무의식적 소인에서 벗어나려면 어찌해야 할까요? 파도가 어렵다고 피하지 말고 파도타기를 연습해야 합니다. 1m 파도를 한번 타고 넘어갈 줄 알게 되면 이제부터 다가오는 비슷한 크기의 파도는 힘든 파도로 느껴지지 않고 삶의 재미로 느껴집니다.

그에게 파도타기는 어려움이 아니라 게임이 됩니다. 그러나 파도타기는 연습하지 않고 그저 강 저편에 펼쳐진 아름다운 꽃정원만을 탐하는 마음, 그것이 소인의 마음입니다.

공자는 소인으로부터 벗어나기 위한 파도타기 연습을 인의예지(仁義禮智)라는 네 가지 방법을 통해 할 수 있다고 제시했습니다.

후대의 사람들은 공자가 억압적인 형식주의를 사회에 설치해놓았다고 비판하지만, 그 안을 잘 살펴보면 놀라운 통찰이 담겨있음을 알 수 있습니다.

인의예지란 윗사람이 아랫사람에게 해야 한다(must)는 규칙으로 요구할 수 있는 것도 아니고, 아랫사람이 윗사람에게 보이기 위해(show) 취하는 겉모습도 될 수 없습니다.

그것은 일종의 훈련법으로, 공자는 그 길을 통해 삶의 통찰과정을 걸어왔던 것입니다.
공자는 나이 40에 불혹(不惑), 50에 지천명(知天命), 60에 이순(耳順)하였다고 합니다.
이순
지천명
불혹
40에 그 어디에도 미혹됨이 없어졌으니(不惑) 자기의 내적 요구로부터 자유로워졌고,
그때 비로소 세상을 위해 해야할 일(天命)을 알고 행했으며,
그렇게 행하는 중에 비난과 비판이 들려와도 흔들림 없이 개의치 않았고(耳順),
그러한 행동 하나하나가 천도(天道)에 일치되었다는 것입니다.
불혹이란 어디에도 미혹됨이 없다는 말입니다. 그 무엇에도 빠지지 않는다는 뜻이지요. 그는 더 이상 자신의 감정에도, 생각에도 빠지지 않고, 상황을 명확히 볼 수 있게 된 것입니다.

그것은 삶과 의식을 탐구하다보니 일어난 통찰을 통해 그렇게 된 것이지 형식적인 예의와 형식적인 어짐을 통해 된 것이 아니었습니다.
그렇게 아무 것에도 빠지지 않게 되니 이제 그는 자기 내부로부터의 감옥에서 나오게 되었습니다. 그동안 늘 자신을 괴롭히던 희노애락애오욕(喜怒哀樂愛惡慾)이라는 내적인 감옥에서 빠져나와 자유롭게 된 것입니다.
희노애락애오욕
이제 그는 희노애락애오욕을 느끼지만 거기에 묶이지 않고 그것을 '사용' 하며 살 수 있게 되었습니다.
그가 그러했다는 대표적인 표현이 낙이불음(樂而不淫), 애이불비(哀而不悲)입니다. "즐거워하되 음란함에 빠지지 않고, 슬퍼하되 비통함에 빠지지 않는다"는 것이지요.
하하하
낙이불음
흑흑
애이불비
음란함이란 즐거움의 극에 달하여 거기로부터 벗어나지 못함을 말하며, 비통함이란 슬픔에 빠져 헤어나지 못함을 말합니다.
허우적 허우적
우리는 보통 즐거움에 빠지면 거기에 계속 머물고 싶어합니다. 즐거웠던 과거에 매달려 다시 그것을 맛보고자 합니다. 그래서 일상으로 돌아오면 상대적으로 심심하고 권태롭게 되지요. 그는 과거 속에 살고 있는 것입니다.

또 커다란 슬픔을 마주하면 세상이 온통 슬픔으로 가득찬 듯 보입니다. 오직 슬픔만이 존재하는 듯 느껴집니다. 슬픔에 빠진 것이지요.
낙이불음 애이불비는 기쁨과 슬픔을, 자기 존재가 세상과 소통하는 도구로 '사용' 하는 것을 말합니다. 그는 언제든 멈춤(stop)이 가능한 것입니다.
뚝!
Stop
이제 그렇다면 분노에 빠지지 않고 분노를 사용할 수도 있을 것입니다. 일곱가지 감정 모두에 대해 이와같이 적용할 수 있겠지요.
분노의 펀치다!
또 공자가 불혹이 되었다는 것은 그가 내적인 관성에서 벗어났음을 보여줍니다. 지금 이 자리에 존재하지 않고, 항상 지나간 즐거움과 지나간 슬픔의 흔적에 매달려 사는 삶, 그것이 소인의 모습입니다.
과거
반면 지난 즐거움을 기억하지만 그와 같은 즐거움을 계속 탐하지 않고, 지난 슬픔의 흔적을 그대로 간직하면서도 오늘 해야 할 일을 하는 것, 바로 '지금여기' 의 삶을 사는 것이 군자의 삶이라는 것이지요.
이제는 추억으로…
오늘을 살자…
어찌보면 소인의 삶이 과거의 회한과 미래의 공포에 좌우되는 시간속의 삶이라면, 군자는 찰나에 충실한 무시간성(無時間性)의 영원에 사는 삶이라 하겠습니다. 지금 이 순간 밖에 없는 듯이 살아가는 것입니다.

그러한 군자의 삶을 위해 공자는 인의예지라는 수련법을 제창한 것입니다.
사람은 어질어야 하고 의로우며 예를 다하고 지혜로워야 한다(must)가 아니라, 어짐(仁)을 연습하고, 의로움, 예의, 지혜를 자신의 수준에 맞게 연습해(practice) 불혹과 지천명, 이순에 이르러야 한다는 것이지요.
단계별 학습
이것을 췌괘의 상육에게 적용하면, 취이불탐(取而不貪) 즉 필요에 의해 취하되 끊임없이 소유하려는 탐욕에 빠지지 않는다라고 말할 수 있습니다. 필요에 의해 취하는 것은 '사용' 하기 위함입니다. 사용할 데가 없으면 취할 이유가 없습니다.
반면 탐욕은 사용할 데가 있어서 소유하려는 것이 아니라 과거에 대한 애착과 미래에 대한 두려움으로 인해 '끊임없이 소유하려는 마음' 이 관성이 되어 '탐욕이라는 습관' 으로 제2의 천성이 생겨버린 것입니다.
다 가질 거야
그는 탐욕에 '빠져' 있습니다. 자신이 거기에 빠져있는지도 알지 못하지요. 군자가 취이불탐(取而不貪)이라면 소인은 탐이불식(貪而不息:탐하여 쉼이 없다)인 것입니다.
배고파~
배고파~
냠 냠
그러나 어느 누구도 자신이 탐(貪)에 빠져있다고 말하지 않습니다. 그러면 왜 소인은 탐이불식 하면서도 자신이 거기에 빠져있다는 것을 알지 못할까요? 그것은 그가 자기의 내면 또는 심층의식을 들여다보는 노력을 하지 않았기 때문입니다.
뭐가 보인다는 거지?

보통의 사람들은 일상에서 자기가 어떻게 반응하는지에 대해 진정한 이유를 잘 알지 못합니다.
콩
'생각의 지도' 의 저자 리처드 니스벳과 사회심리학자 티모시 윌슨은 여러 가지 실험을 하여 '보다 고차적인 인지과정에 자기반성적으로 접근하지 못하기 때문에' 사람들이 자신의 반응에 대한 원인을 알지 못한다고 결론내렸습니다.
생각의 지도
나는 내가 낯설다
그들은 몇가지 실험을 했는데, 예를 들어, 쇼윈도에 똑같은 질의 스타킹 네벌을 좌로부터 A, B, C, D순으로 놓고 최고의 품질인 것을 고르라 했을 때 피험자들은 40% 이상이 제일 우측의 D를 골랐다고 합니다.
A
B
C
D
그런데 그것은 D가 우수해서가 아니라 사실은 위치효과(position effect)에 의해 가장 우측의 것을 선호하기 때문이었습니다. 그리고 그들은 위치효과 때문에 자신이 D를 고른다는 것을 잘 알지 못했습니다.
왜냐구?
그냥!
D
또 한 가지는 A, B 두 그룹에게 영화를 보여주고 A그룹에게는 중간중간 시끄러운 톱질 소음을 들려주었습니다.
그후 설문지 작성의 결과는 A, B 두 그룹 모두 영화를 재미있게 즐긴 것으로 나타났지만, A그룹은 소음 때문에 영화의 즐거움이 약간 덜했다고 답했습니다.

즉 심층에서는 A그룹도 실제 영화를 B그룹과 똑같이 재미있게 즐긴 것으로 나왔지만, 그들의 의식적인 대답은 '많이 즐기지 못했다' 였던 것입니다. 그러나 사실 무의식은 그들이 즐기고 있음을 잘 알고 있었습니다.
즐거웠어.
즐거움이 덜했어.
이렇게 여러 가지 실험을 통해 리처드와 티모시는 사람들이 자신의 반응을 의식적으로는 제대로 알지 못하지만 적응무의식에서는 그 모두를 알고 그에 따라 대부분 움직인다라고 하였습니다.
나를 따르라!
소인에게 있어서는 그의 무의식이 탐이불식으로 나타나고, 군자에게 있어서는 취이불탐으로 나타난다 할 수 있겠습니다.
그것은 의식적이지 않기 때문에 알 수 없습니다. 의식적으로 바꾸려는 노력은 겉모습만 달리할 뿐입니다. 오직 심층을 들여다보고 실천함을 통해서만 진정한 변화가 가능합니다.
그러므로 췌괘의 상육은 탄식하고 눈물 흘리며 강한 구5에 붙어 허물없기를 바라지 말고,
스스로 자신의 심층을 탐험하여 무의식에 변화가 있기를 연습해야할 것입니다.

단역, 변역, 불역

주역의 기초 ①

주역은 주문왕이 유리성에서 유폐되었을 때 자연을 관찰해 괘사를 저술, 문왕의 아들 주공단(周公旦)이 효사를 붙여 완성하고, 이후 공자가 십익을 더해 보완했다고 합니다.
역이란 글자는 한자의 기원을 서술한 설문해자(說文解字)에 보면 색깔이 바뀌는 도마뱀을 본뜬 것으로 바뀌다는 의미를 지닙니다. 또 상수역학에서는 변화를 가장 잘 보여주는 해와 달을 본뜬 것이라고도 합니다.
역에는 아주 중요한 세가지 의미가 있습니다. 단역(單易), 변역(變易), 불역(不易)이 그것인데, 모든 것은 쉽고 단순하다는 것이 단역(또는 易簡)이고, 그것은 끊임없이 변한다는 것이 변역이며, 그 가운데 변함 없는 것이 있다는 것이 불역입니다.
그렇다면 하늘과 땅에서 그러한 점을 살펴볼까요?
하늘은 항상 하늘로 단순하고, 땅은 늘 땅으로 단순합니다(단역).
그러나 하늘과 땅에서는 끊임없는 변화가 일어나고 있습니다(변역).
강우
증발
증발
침투
지하수면
그리고 그런 하늘과 땅을 포함하는 우주는 변함이 없습니다(불역).

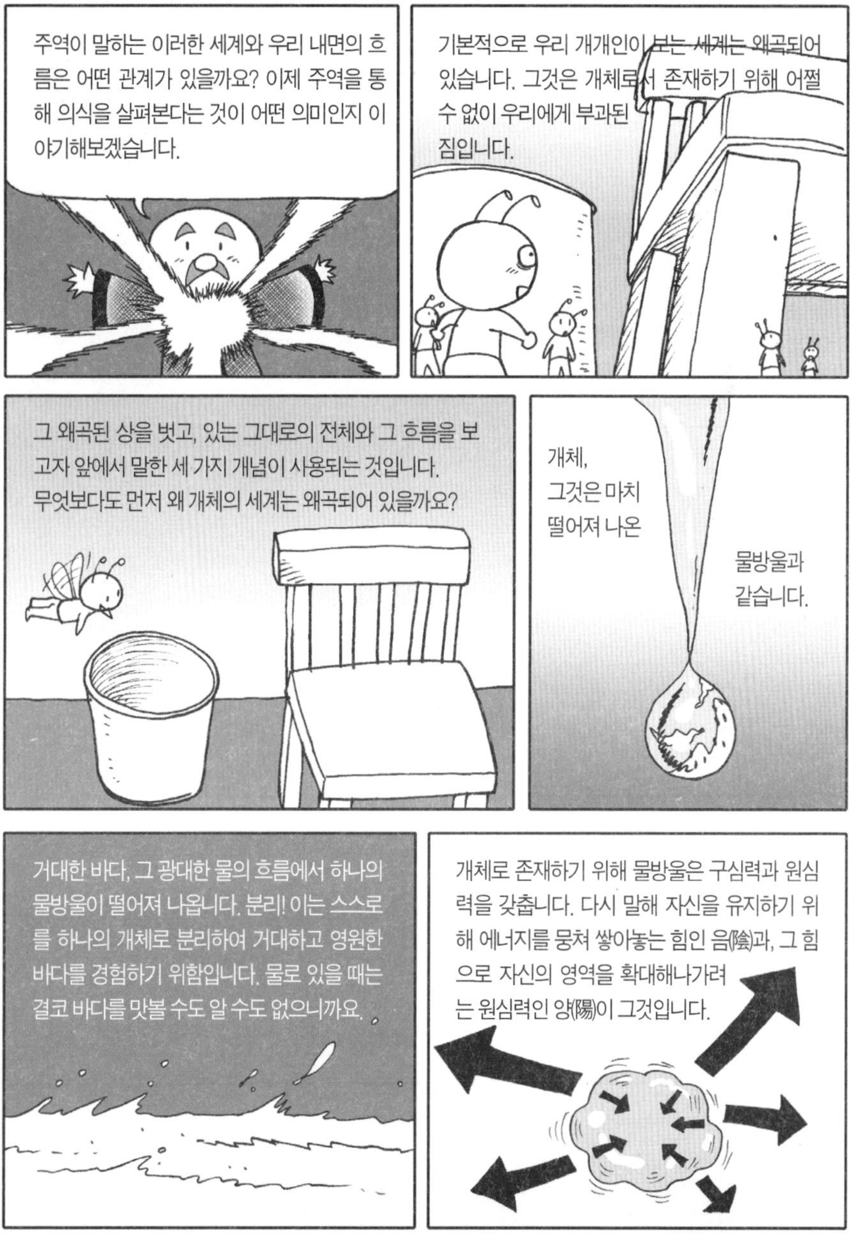
주역이 말하는 이러한 세계와 우리 내면의 흐름은 어떤 관계가 있을까요? 이제 주역을 통해 의식을 살펴본다는 것이 어떤 의미인지 이야기해보겠습니다.
기본적으로 우리 개개인이 보는 세계는 왜곡되어 있습니다. 그것은 개체로서 존재하기 위해 어쩔 수 없이 우리에게 부과된 짐입니다.
그 왜곡된 상을 벗고, 있는 그대로의 전체와 그 흐름을 보고자 앞에서 말한 세 가지 개념이 사용되는 것입니다. 무엇보다도 먼저 왜 개체의 세계는 왜곡되어 있을까요?
개체, 그것은 마치 떨어져 나온
물방울과 같습니다.
거대한 바다, 그 광대한 물의 흐름에서 하나의 물방울이 떨어져 나옵니다. 분리! 이는 스스로를 하나의 개체로 분리하여 거대하고 영원한 바다를 경험하기 위함입니다. 물로 있을 때는 결코 바다를 맛볼 수도 알 수도 없으니까요.
개체로 존재하기 위해 물방울은 구심력과 원심력을 갖춥니다. 다시 말해 자신을 유지하기 위해 에너지를 뭉쳐 쌓아놓는 힘인 음(陰)과, 그 힘으로 자신의 영역을 확대해나가려는 원심력인 양(陽)이 그것입니다.

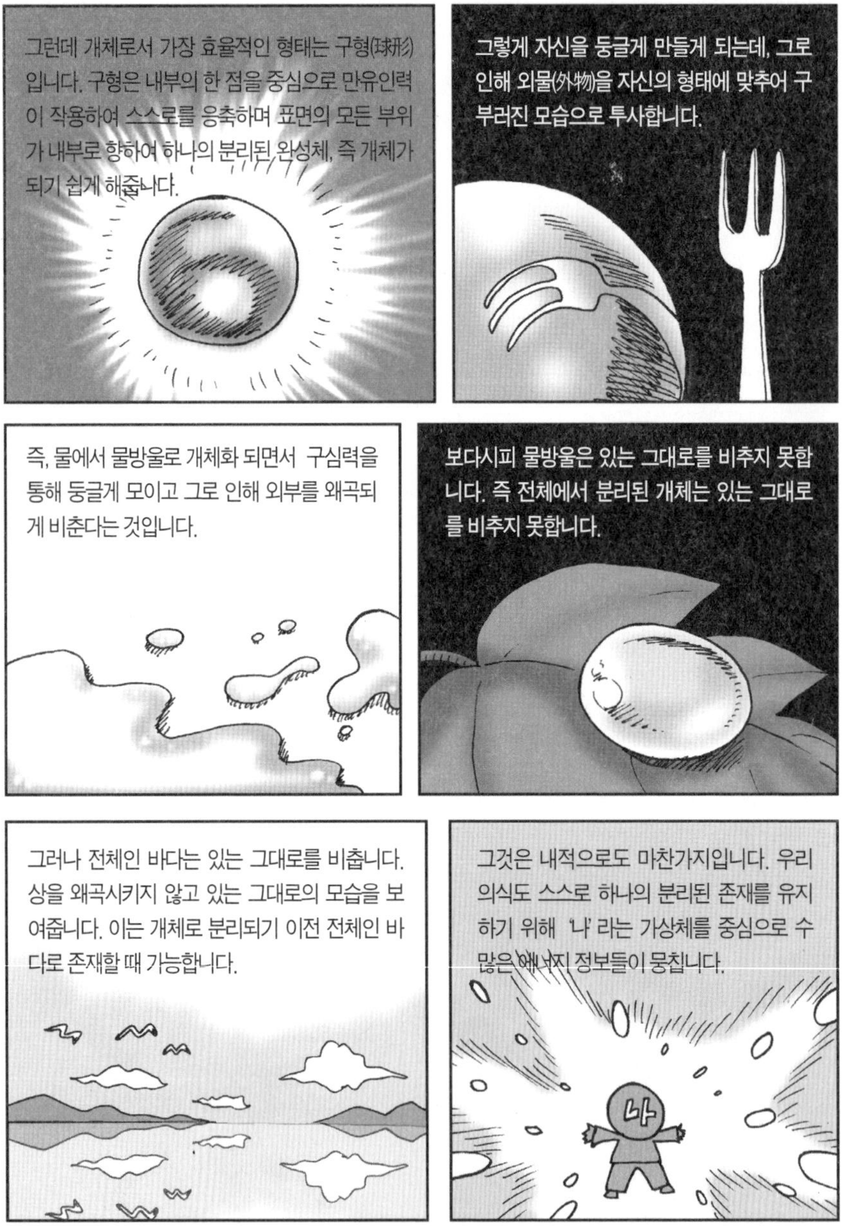
그런데 개체로서 가장 효율적인 형태는 구형(球形)입니다. 구형은 내부의 한 점을 중심으로 만유인력이 작용하여 스스로를 응축하며 표면의 모든 부위가 내부로 향하여 하나의 분리된 완성체, 즉 개체가 되기 쉽게 해줍니다.
그렇게 자신을 둥글게 만들게 되는데, 그로 인해 외물(外物)을 자신의 형태에 맞추어 구부러진 모습으로 투사합니다.
즉, 물에서 물방울로 개체화 되면서 구심력을 통해 둥글게 모이고 그로 인해 외부를 왜곡되게 비춘다는 것입니다.
보다시피 물방울은 있는 그대로를 비추지 못합니다. 즉 전체에서 분리된 개체는 있는 그대로를 비추지 못합니다.
그러나 전체인 바다는 있는 그대로를 비춥니다. 상을 왜곡시키지 않고 있는 그대로의 모습을 보여줍니다. 이는 개체로 분리되기 이전 전체인 바다로 존재할 때 가능합니다.
그것은 내적으로도 마찬가지입니다. 우리 의식도 스스로 하나의 분리된 존재를 유지하기 위해 '나'라는 가상체를 중심으로 수많은 에너지 정보들이 뭉칩니다.
나

그로 인해 상(像)이 물방울에 비친 모습이 휘어져 보이듯이 우리의 정신적인 상(相)도 '나'를 중심으로 하는 왜곡현상을 보이게 되는 것입니다.
나
인간이 '있는 그대로'를 보지 못하는 것은 바로 그 때문이지요. 왜곡된 상을 갖는다는 것은 '자기'라는 개체를 유지하기 위해 '나'라는 물방울을 형성함으로 인해 생기는 필요악이라 할 수 있겠습니다.
나
나
나
주역은 바로 그러한 개체인 우리가 전체의 입장에서 왜곡없이 현상을 보기 위한 도구입니다. 그러면 어떻게 그것이 가능할까요?
주역
그것은 세 가지 면에서 보기 때문입니다. 앞에서도 말한 단역(單易), 변역(變易), 불역(不易)의 특성을 통해서이지요. 달리 말하면 태극, 음양, 무극이라고도 할 수 있습니다.
양
음
무극
태극
첫째, 주역은 괘를 통해 단순함을 봅니다(單易). 하나의 커다란 상이지요. 하늘이면 하늘, 땅이면 땅, 강이면 강, 바람이면 바람…. 그래서 괘의 상을 봅니다. 이를 드러난 태극이라고도 합니다.
그러나 단순한 그 안에 음양이 다 포함되어 있습니다. 그것을 주역서문에서는 '만물이 생겨남에 양을 앞으로 안고, 음을 뒤로 업어 나타나니 태극을 갖추지 않은 것이 없다(萬物之生 負陰而抱陽 莫不有太極)라고 하였습니다.
음
양

둘째, 그렇게 단순한 하나지만 자세히 들여다보면 거기엔 음양이 있어 늘 변합니다(變易). 그래서 음양으로 구성된 효를 통해 끊임없는 변화를 보여주는 것입니다.
예를 들어 하늘 건괘에서 초효는 잠룡물용(潛龍勿用)으로 깊이 잠긴 용은 아직 쓰지 말라 하고,
다섯 번째 구5는 비룡재천(飛龍在天)으로 나는 용이 하늘에 있으니 천하의 일을 크게 이룰 때이며,
마지막에는 항룡유회(亢龍有悔)라 하여 너무 높이 오른 용은 후회가 있으니 물러날 때를 보라고 말하는 것입니다.
셋째, 이렇듯 모여서 하나가 된 태극의 단순함과, 흩어져 만가지로 달라진 음양의 변화는 모두 드러난 모습이지만
형상으로 나타나지 않은 것은 무어라 말로 할 수 없으니(未形未見者는 不可以名求:주역서문) 그것이 변함없는 근본이 되어주는 무극이며, 그 특성은 불역(不易)인 것입니다.
그러나 자아를 가진 인간은 보통 64괘 384효 중 하나의 효(爻)라는 자기 입장을 가지고 있습니다. 그렇기 때문에 전체의 모습과 흐름의 변화를 읽지 못하는 것입니다.

그래서 주역은 괘를 뽑아 현재 자신이 그 괘의 어느 효에 해당하는지 보고, 그 효가 앞으로 어떻게 변화할지 보며, 그 효는 또 어떤 전체 괘의 일부인지 살피고, 결국 끊임없는 변화 속에서 변치않는 도(道)를 잊지 않도록 하라는 것입니다.
그것을 의식이라는 측면에서 한번 살펴볼까요? 먼저 의식의 발현을 살펴보겠습니다.
주위의 한가지 사물에 주목해보십시오. 우리는 그 사물의 단일성을 봅니다(單易). 그런데 흥미롭게도 그 사물의 단일성에 지속적으로 주의를 주고 있을 수 없음을 알게 됩니다. 단일성이란 잠시 볼 때나, 거시적으로 볼 때 파악되는 일별입니다.
예를 들어, '컴퓨터 모니터' 를 봅니다. 이것은 단순하게 생겼습니다. 그것을 보고 있는 의식도 단순합니다. 그런데 그것을 단순한 모니터로 계속 보고 있으려 하면 잘 안됩니다(30초 동안만 시도해보십시오).
애쓰지 않으면 어느 한 부분으로 의식이 자연스레 옮겨가기 때문입니다. 그래서 그 한 부분에 다시 집중하면 의식은 또 다른 곳으로 움직여갑니다. 이렇게 의식은 끊임없이 변화를 추구합니다(變易).
평면 모니터
그러나 그 끊임없는 의식의 변화는 변함없는 근본의식의 바다(不易) 위에서 벌어지는 현상입니다.

그러한 의식의 3속성을 자아라는 측면에서 살펴보면 ;
우리는 내적으로 단순한 '나' 라고 느낍니다(單), 그러나 그 '나' 는 들여다보면 없습니다. '나' 란 의식은 어떤 내적인 흐름 속에서 나오는 현상이기 때문입니다.
끊임없는 생각의 일어남(變)을 통해 '나' 라는 단순함이 유지되고 있는 것입니다. 그런데 그 끊임없는 흐름을 가능하게 하는 본바탕인 '의식의 근원' 에는 변화가 없습니다(不變).
나
'의식의 근원'
여기에 수련자의 딜레마가 있습니다. 변화하는 '나' 라는 의식으로 불변하는 '근원' 을 알려고 노력하는 것이지요. 그러나 변(變)은 불변(不變)을 알 수 없습니다.
'나' 라는 변화하는 의식으로 불변하는 근원을 알기 힘든 것입니다. 그러므로 그 '나' 의 한계를 먼저 보아야 합니다. 그런데 흥미로운 점은 '나' 를 보려하면 할수록 우리는 '나' 에서 벗어나게 된다는 점입니다. 여기에 근원으로 존재할 가능성이 생깁니다.
이제 그것을 무극, 태극, 음양이라는 주역의 용어를 통해 알아보겠습니다. 우측 그림은 음양이 포함된 태극을 표현하고 있습니다.
흔히 음양과 태극, 무극은 다르게 인식하는 듯 합니다.

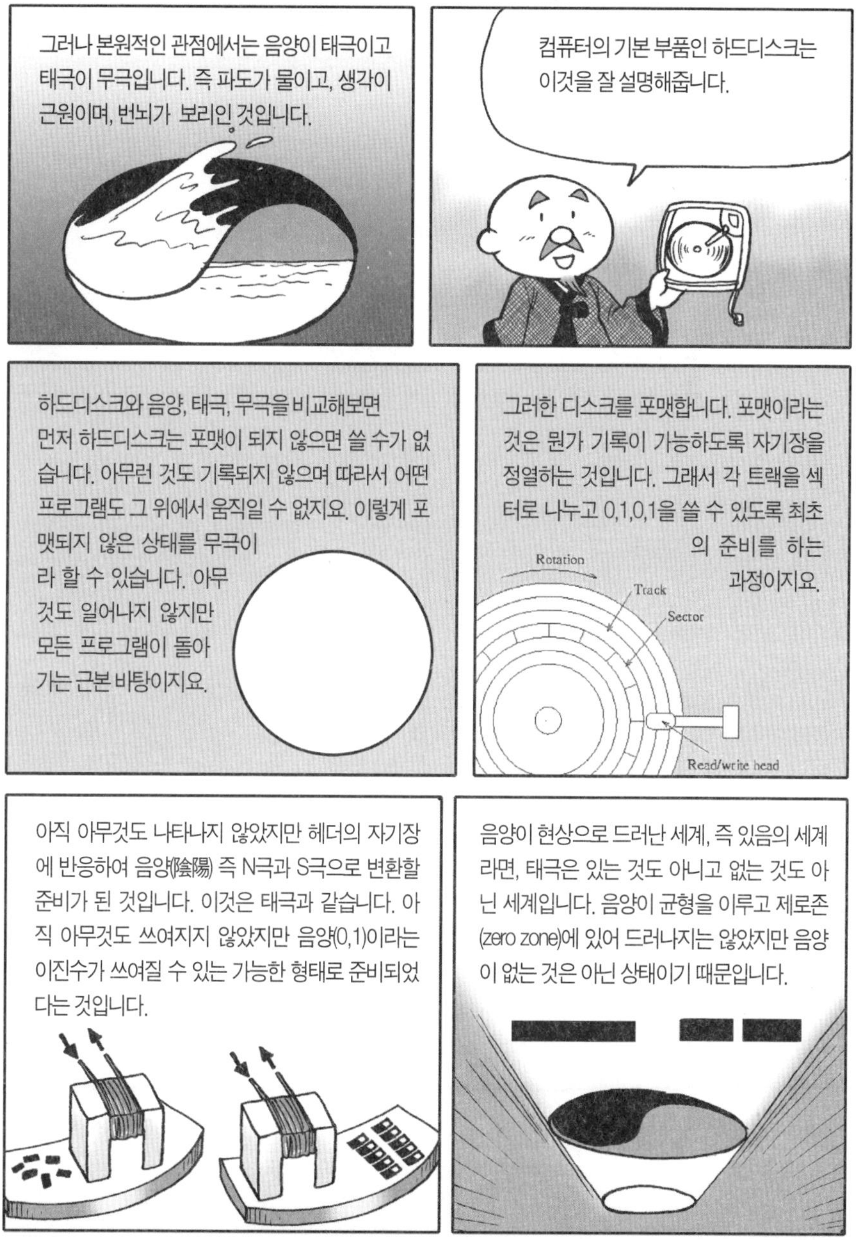
그러나 본원적인 관점에서는 음양이 태극이고 태극이 무극입니다. 즉 파도가 물이고, 생각이 근원이며, 번뇌가 보리인 것입니다.
컴퓨터의 기본 부품인 하드디스크는 이것을 잘 설명해줍니다.
하드디스크와 음양, 태극, 무극을 비교해보면 먼저 하드디스크는 포맷이 되지 않으면 쓸 수가 없습니다. 아무런 것도 기록되지 않으며 따라서 어떤 프로그램도 그 위에서 움직일 수 없지요. 이렇게 포맷되지 않은 상태를 무극이라 할 수 있습니다. 아무것도 일어나지 않지만 모든 프로그램이 돌아가는 근본 바탕이지요.
그러한 디스크를 포맷합니다. 포맷이라는 것은 뭔가 기록이 가능하도록 자기장을 정열하는 것입니다. 그래서 각 트랙을 섹터로 나누고 0,1,0,1을 쓸 수 있도록 최초의 준비를 하는 과정이지요.
Rotation
Track
Sector
Read/write head
아직 아무것도 나타나지 않았지만 헤더의 자기장에 반응하여 음양(陰陽) 즉 N극과 S극으로 변환할 준비가 된 것입니다. 이것은 태극과 같습니다. 아직 아무것도 쓰여지지 않았지만 음양(0,1)이라는 이진수가 쓰여질 수 있는 가능한 형태로 준비되었다는 것입니다.
음양이 현상으로 드러난 세계, 즉 있음의 세계라면, 태극은 있는 것도 아니고 없는 것도 아닌 세계입니다. 음양이 균형을 이루고 제로존(zero zone)에 있어 드러나지는 않았지만 음양이 없는 것은 아닌 상태이기 때문입니다.

반면 무극은 그야말로 있고 없음을 떠난 세계입니다. 그러기에 아무것도 기록할 수 없는 상태인 것이지요.
거기에 이제 포맷이 되어 0,1,0,1이라는 이진수가 쓰여지면서 윈도우 운영체계도, 한글프로그램도 설치되어 여러가지 내용을 기록할 수 있게 됩니다. 이 모든 프로그램의 기본은 0과 1이라는 기계어 입니다. 음양이지요.
즉 음양이란 만물탄생의 기본입니다. 그런데 여기서 한가지 흥미로운 점은 음과 양이 동시에 탄생한다는 점입니다. 양이 먼저 태어나고 음이 태어나는 것이 아닙니다.
쌍둥이네~
응애~
음
양
응애~
성경에서는 아담이 먼저 태어난 후에 이브가 태어납니다만 주역에서는 음양이 동시에 태어납니다. 그것은 우리 의식의 세계에서도 마찬가지입니다. '나' 라는 것은 '너' 를 전제할 때만 의미가 있습니다.
우리 동등해
어머~ 멋지다.
내가 '나' 라고 말하는 순간 '나가 아닌 존재, 또는 세계' 가 탄생합니다. '나' 외에 다른 것이 없는 곳에서 '나' 라고 말하거나 의식하는 것은 의미 없기 때문입니다.
나
따라서 우리가 '나' 라고 말할 때는 항상 '너' 를 전제로 하고 있습니다. 그것이 바로 '나/너' 의 탄생은 동시라는 의미이며, 그러한 이원적 세계의 탄생을 크게 음/양이라 이름한 것입니다.
나
너
나
너

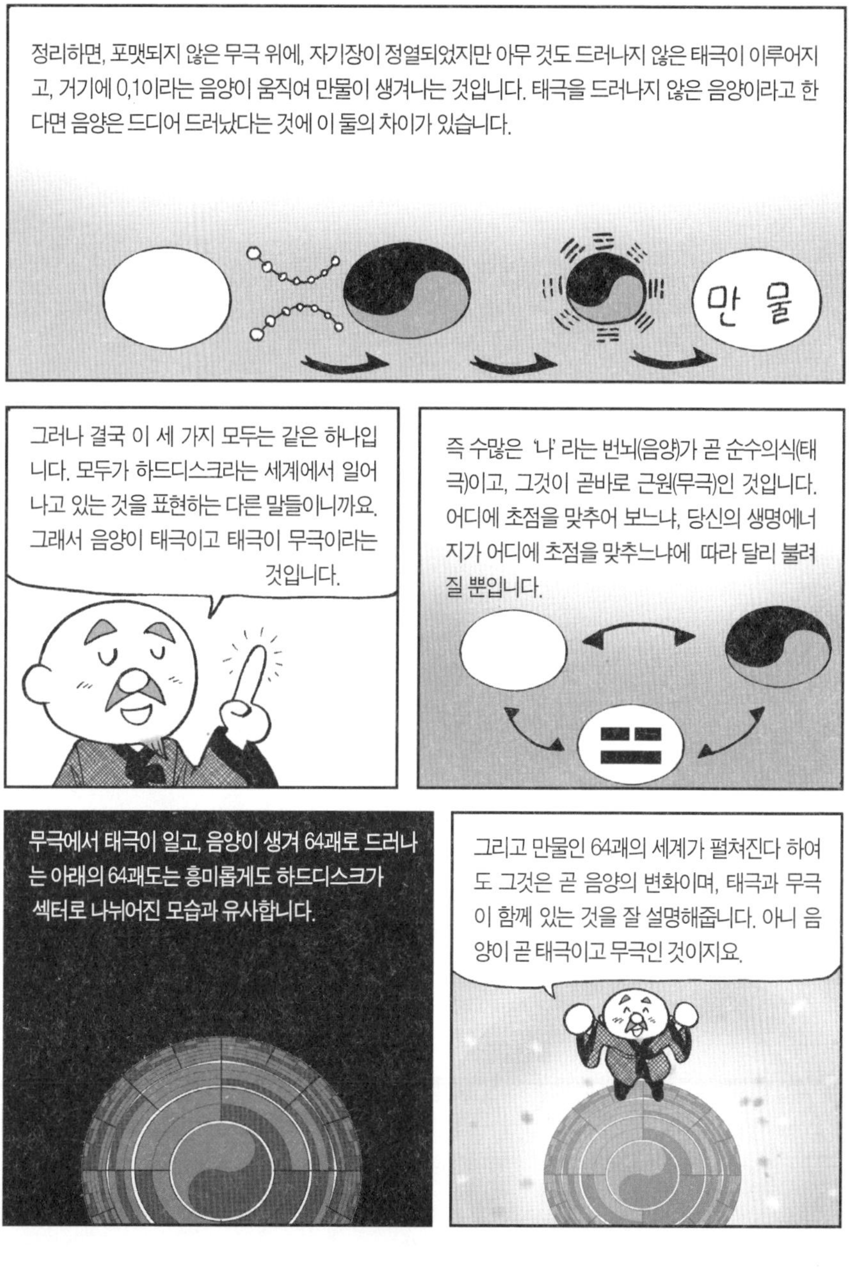
정리하면, 포맷되지 않은 무극 위에, 자기장이 정열되었지만 아무 것도 드러나지 않은 태극이 이루어지고, 거기에 0,1이라는 음양이 움직여 만물이 생겨나는 것입니다. 태극을 드러나지 않은 음양이라고 한다면 음양은 드디어 드러났다는 것에 이 둘의 차이가 있습니다.
만 물
그러나 결국 이 세 가지 모두는 같은 하나입니다. 모두가 하드디스크라는 세계에서 일어나고 있는 것을 표현하는 다른 말들이니까요. 그래서 음양이 태극이고 태극이 무극이라는 것입니다.
즉 수많은 '나'라는 번뇌(음양)가 곧 순수의식(태극)이고, 그것이 곧바로 근원(무극)인 것입니다. 어디에 초점을 맞추어 보느냐, 당신의 생명에너지가 어디에 초점을 맞추느냐에 따라 달리 불려질 뿐입니다.
무극에서 태극이 일고, 음양이 생겨 64괘로 드러나는 아래의 64괘도는 흥미롭게도 하드디스크가 섹터로 나뉘어진 모습과 유사합니다.
그리고 만물인 64괘의 세계가 펼쳐진다 하여도 그것은 곧 음양의 변화이며, 태극과 무극이 함께 있는 것을 잘 설명해줍니다. 아니 음양이 곧 태극이고 무극인 것이지요.

태극과 무극

주역의 기초 ②

그런데 심오한 삶의 깊이를 살아온 모든 종교와 비전(秘傳)의 전통에서는 대부분 이 둘의 차이에 대해 말하고 있음을 볼 수 있습니다.
이제 우리는 유대신비주의인 카발라에서, 중국 도교의 도덕경에서, 인도 최고의 경전인 우파니샤드에서, 그리고 현대인의 종교라 불리는 첨단과학에서 조차 이에 대해 동일하게 말하고 있다는 것을 보게 될 것입니다.
동서양을 막론하고 인류 경험의 보고(寶庫)를 기록한 전통 속에는 이 태극과 무극을 명확히 구분하고 있습니다.
태극과 무극을 명확히 구분한다는 것은 어려운 일이 될 수도 있습니다. 왜냐하면 무극은 경험을 넘어선 세계이기 때문입니다. 그래서 어떤 이는 이 둘을 같은 것으로 말하기도 하는 것입니다. 그러나 이 둘의 차이를 분명히 보고 알 때 우리는 진정으로 현상의 세계에 영향받지 않는다는 것이 무엇인지 알아채게 될 것입니다.
그러면 먼저 태극과 무극의 의식적 측면을 보겠습니다.
우리가 무언가를 의식하려면 기준이 있어야 합니다. 예를 들어 이제 막 세상에 태어난 아기는 어떤 것도 의식하지 못합니다. 물론 감각은 있습니다.
응애~
응애~
이 감각에 대해서는 태극이라는 배경의식, 무극이라는 근본을 언급해야 하므로 다시 설명하기로 하고, 우선 무언가를 의식하려면 '나'라는 기준이 있어야 합니다.
'나'

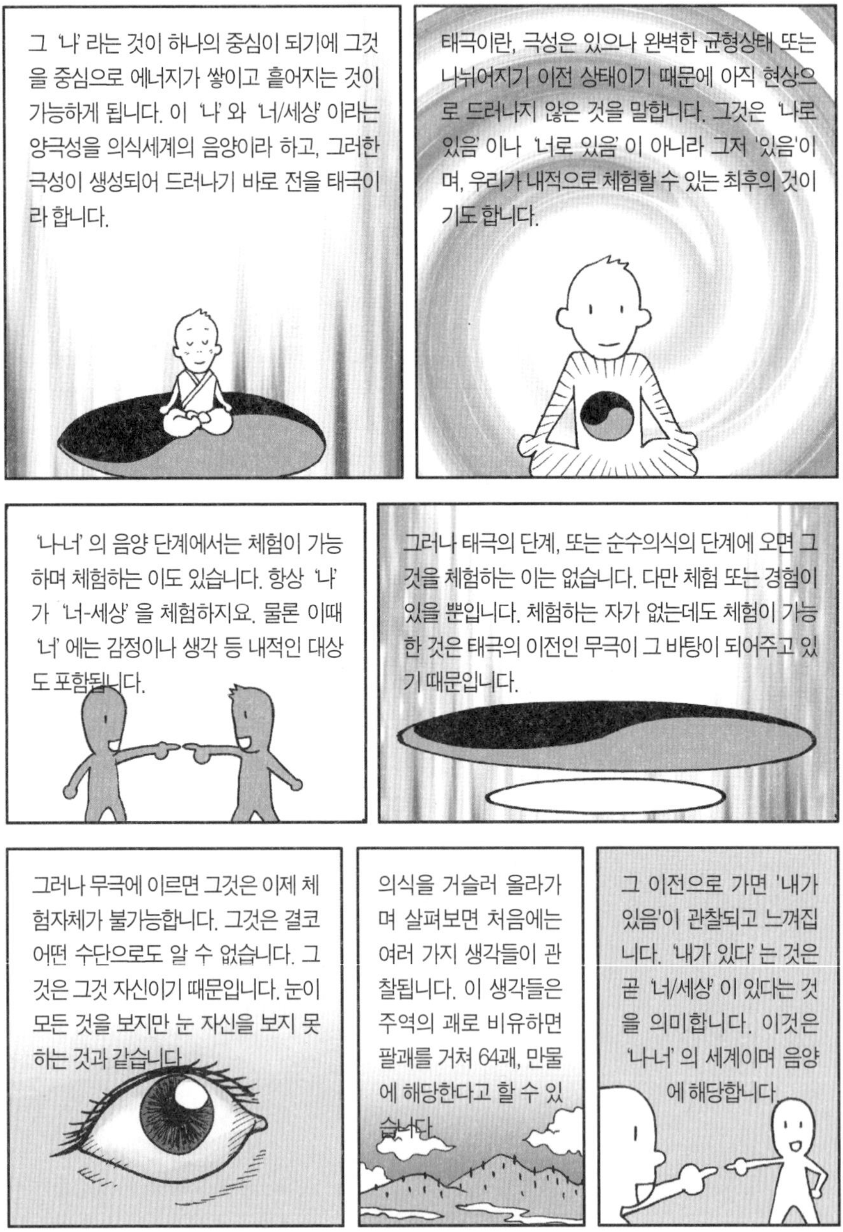
그 '나' 라는 것이 하나의 중심이 되기에 그것을 중심으로 에너지가 쌓이고 흩어지는 것이 가능하게 됩니다. 이 '나' 와 '너/세상' 이라는 양극성을 의식세계의 음양이라 하고, 그러한 극성이 생성되어 드러나기 바로 전을 태극이라 합니다.
태극이란, 극성은 있으나 완벽한 균형상태 또는 나뉘어지기 이전 상태이기 때문에 아직 현상으로 드러나지 않은 것을 말합니다. 그것은 '나로 있음' 이나 '너로 있음' 이 아니라 그저 '있음'이며, 우리가 내적으로 체험할 수 있는 최후의 것이기도 합니다.
'나-너' 의 음양 단계에서는 체험이 가능하며 체험하는 이도 있습니다. 항상 '나'가 '너-세상' 을 체험하지요. 물론 이때 '너' 에는 감정이나 생각 등 내적인 대상도 포함됩니다.
그러나 태극의 단계, 또는 순수의식의 단계에 오면 그것을 체험하는 이는 없습니다. 다만 체험 또는 경험이 있을 뿐입니다. 체험하는 자가 없는데도 체험이 가능한 것은 태극의 이전인 무극이 그 바탕이 되어주고 있기 때문입니다.
그러나 무극에 이르면 그것은 이제 체험자체가 불가능합니다. 그것은 결코 어떤 수단으로도 알 수 없습니다. 그것은 그것 자신이기 때문입니다. 눈이 모든 것을 보지만 눈 자신을 보지 못하는 것과 같습니다.
의식을 거슬러 올라가며 살펴보면 처음에는 여러 가지 생각들이 관찰됩니다. 이 생각들은 주역의 괘로 비유하면 팔괘를 거쳐 64괘, 만물에 해당한다고 할 수 있습니다.
그 이전으로 가면 '내가 있음'이 관찰되고 느껴집니다. '내가 있다' 는 것은 곧 '너/세상' 이 있다는 것을 의미합니다. 이것은 '나-너' 의 세계이며 음양에 해당합니다.

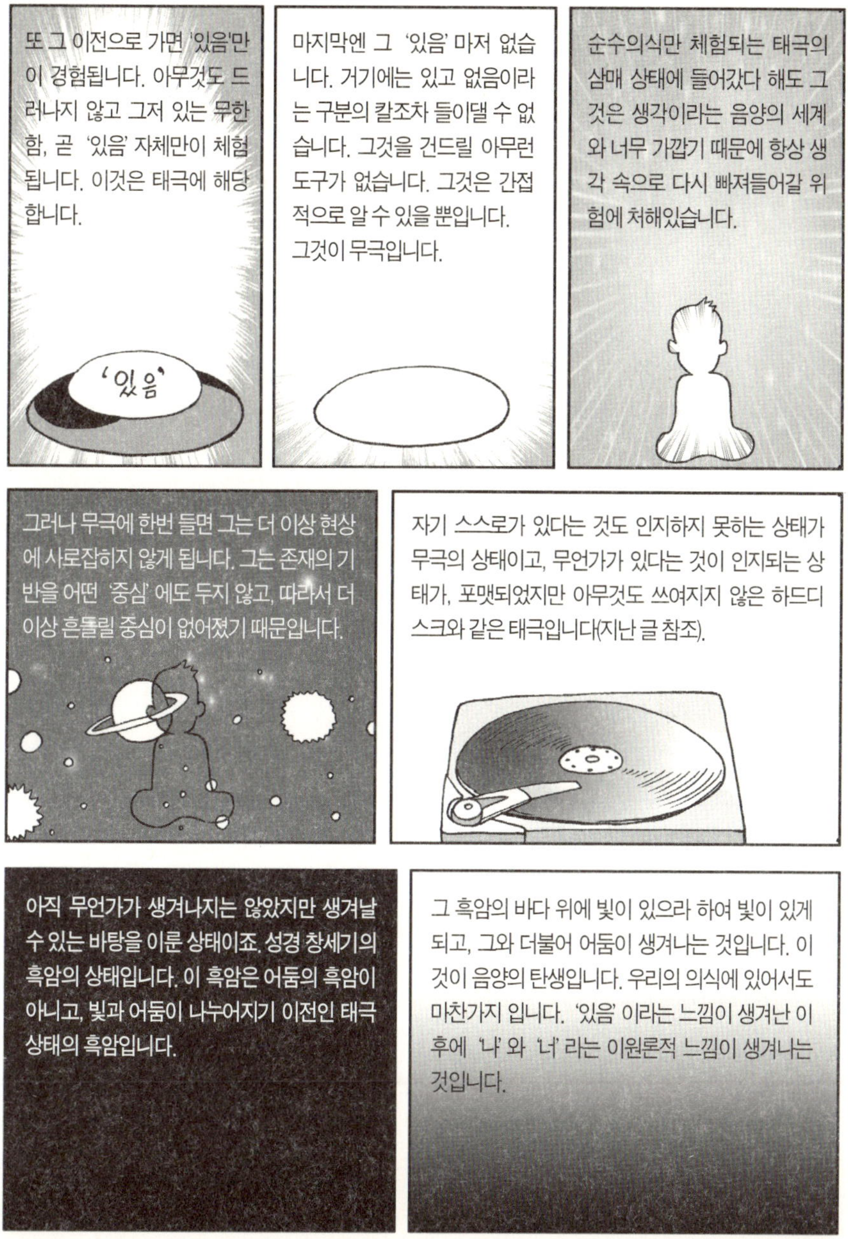
또 그 이전으로 가면 '있음'만 이 경험됩니다. 아무것도 드러나지 않고 그저 있는 무한함, 곧 '있음' 자체만이 체험됩니다. 이것은 태극에 해당합니다.
'있음'
마지막엔 그 '있음' 마저 없습니다. 거기에는 있고 없음이라는 구분의 칼조차 들이댈 수 없습니다. 그것을 건드릴 아무런 도구가 없습니다. 그것은 간접적으로 알 수 있을 뿐입니다. 그것이 무극입니다.
순수의식만 체험되는 태극의 삼매 상태에 들어갔다 해도 그것은 생각이라는 음양의 세계와 너무 가깝기 때문에 항상 생각 속으로 다시 빠져들어갈 위험에 처해있습니다.
그러나 무극에 한번 들면 그는 더 이상 현상에 사로잡히지 않게 됩니다. 그는 존재의 기반을 어떤 '중심' 에도 두지 않고, 따라서 더 이상 흔들릴 중심이 없어졌기 때문입니다.
자기 스스로가 있다는 것도 인지하지 못하는 상태가 무극의 상태이고, 무언가가 있다는 것이 인지되는 상태가, 포맷되었지만 아무것도 쓰여지지 않은 하드디스크와 같은 태극입니다(지난 글 참조).
아직 무언가가 생겨나지는 않았지만 생겨날 수 있는 바탕을 이룬 상태이죠. 성경 창세기의 흑암의 상태입니다. 이 흑암은 어둠의 흑암이 아니고, 빛과 어둠이 나누어지기 이전인 태극 상태의 흑암입니다.
그 흑암의 바다 위에 빛이 있으라 하여 빛이 있게 되고, 그와 더불어 어둠이 생겨나는 것입니다. 이것이 음양의 탄생입니다. 우리의 의식에 있어서도 마찬가지 입니다. '있음' 이라는 느낌이 생겨난 이후에 '나' 와 '너' 라는 이원론적 느낌이 생겨나는 것입니다.

이러한 태극이전의 무극을 유대 신비학인 카발라에서는 아인소프라고 합니다. 아인소프(Ayin-Sof)는 무한(無限)이란 의미입니다. 이것은 카발리즘의 신에 대한 명칭으로 이해를 초월한 전체적 통일체를 상징합니다.
즉, '아인소프'는 존재하지 않으며, 측정할 수 없고, 존재 또는 비존재라는 용어로도 전혀 논의되어질 수 없는 것이라고 말해집니다. 무극의 설명과 참으로 유사한 개념입니다.
이후 태극에 해당한다고 볼 수 있는 케테르(Keter)의 과정이 시작됩니다. 바로 우주 현현의 기초이지요. 이 최초의 세피라(數) 안에는 전체 우주의 계획이 포함되어 있으며 그 속에는 우리의 지성이 이해할 수 있는 바와 같은 하나(1)의 개념이 존재합니다.
케테르
그래서 이를 태극과 같다고 하는 것입니다. 케테르는 현상으로 드러나기 위한 아인소프의 최초의 충동입니다. 그것은 신의 최초의 의지이지만 하나의 충동일 뿐 그 이상은 아니지요. 두개의 상반되는 힘이 균형을 이루는 곳이 바로 이 초점입니다.
이 케테르의 한 초점 안에 호크마(Hokhmah)와 비나(Binah)라는 상반된 에너지가 포함되어 있습니다. 이는 태극 안에 음양이 포함되어 있는 것과 같습니다. 카발라에서 호크마는 지혜를 나타내며 남성적 속성을 지니고 팽창하는 에너지입니다.
케테르
비나
호크마
비나는 여성적 속성이며 이해를 나타내고 수축하는 에너지입니다. 마치 음양을 그대로 설명하는 듯한 개념입니다. 케테르 안에는 아인소프의 계획이 포함되어 있지만 호크마 안에서는 계획 뿐만 아니라 창조의 그 계획을 실현시키려는 폭발하는 욕망, 충동 또는 흐름이 들어있습니다.
비나
호크마

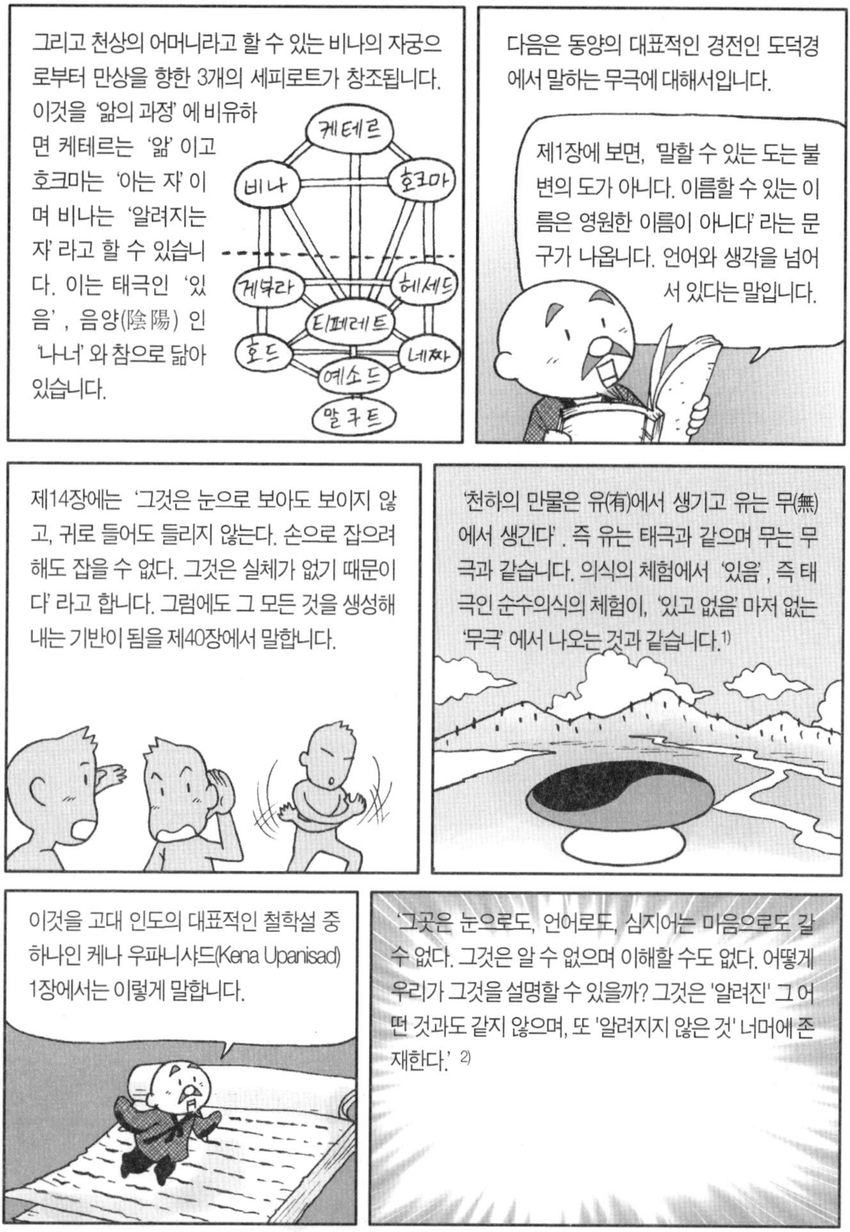

1) 도덕경 제1장 道可道,非常道. 名可名,非常名.
제 14 장 視之不見, 名曰夷. 天地不聞, 名曰希. 摶之不得, 名曰微. 此三者, 不可致詰故混而爲一. 其上不皎,其下不昧. 繩繩不可名, 復歸於無物. 是謂無狀之狀, 無物之象. 是謂惚恍. 迎之不見其首, 隨之不見其後. 執古之道, 以御今之有, 能知古始, 是謂道紀.
제 40장 反者, 道之動, 弱者, 道之用, 天下萬物生於有, 有生於無.

이렇게 무극을 표현하는 수많은 경전들에서 공통적으로 말하는 것은 '무극이란 우리의 언설과 마음으로 접근할 수 없는 곳' 이라는 점입니다. 즉, 경험을 넘어선 세계라는 것입니다.

그렇다면 어디서부터 경험의 세계일까요? 바로 무극에서 탄생하는 태극의 세계에서 부터입니다. 그 어떤 황홀체험과 심지어 무아의 체험이라 하더라도 모든 체험은 태극의 범위 내에서 일어납니다.

그렇게 태극은 있기도 하고 없기도 한 것이며, 만물을 현상화시킬 준비가 끝났지만 드러나지 않은 상태라고 말할 수 있습니다.

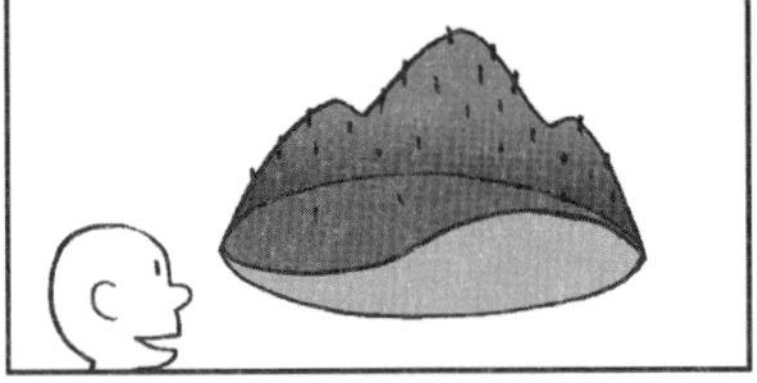

물리적으로 말하면 대립하는 두 극이 서로 상쇄될 때가 있고, 제3의 벡터를 창조할 때가 있습니다. 이때 두 극이 상쇄되면 태극으로 돌아가고, 새로운 벡터가 창조되면 음양의 세계로 현현한다고 할 수 있습니다.

우리는 보통 상쇄되었다 하면 사라졌다고 말합니다만, 최근 과학계에서 우주는 에너지 불변인데 상쇄된 에너지는 과연 어디로 사라졌을까를 고민하다. 사라져 없어진 것이 아니라 상쇄되어 드러나지 않은 곳에 머문다는 스칼라에너지의 개념에 주목하기 시작했습니다.

스칼라(Scalar)란 힘은 있으나 방향이 없어 드러나지 않은 것을 말하고, 벡터(Vector)란 방향을 가진 힘, 현상으로 드러난 힘을 말합니다. 비유하자면 스칼라는 태극이고 벡터는 음양에 해당합니다.

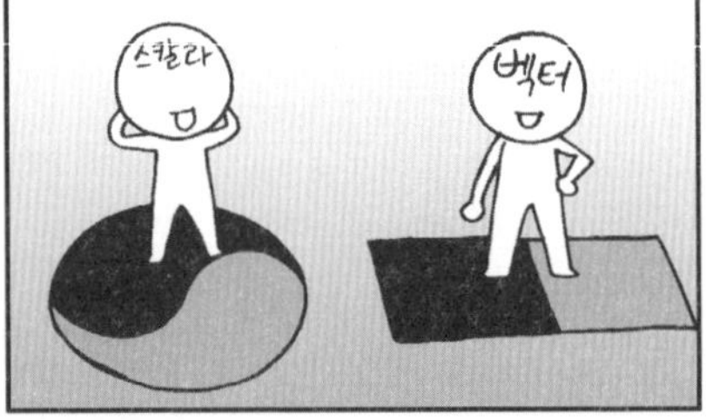

2) KENA UPANISHAD1장 3절
na tatra chakshurgachchhati na vaaggachchhati no manaH .na vidmo na vijaaniimo yathaitadanushishhyaat.h anyadeva tadviditaadatho aviditaadadhi .iti shushruma puurveshhaaM ye nastad.hvyaachachakshire

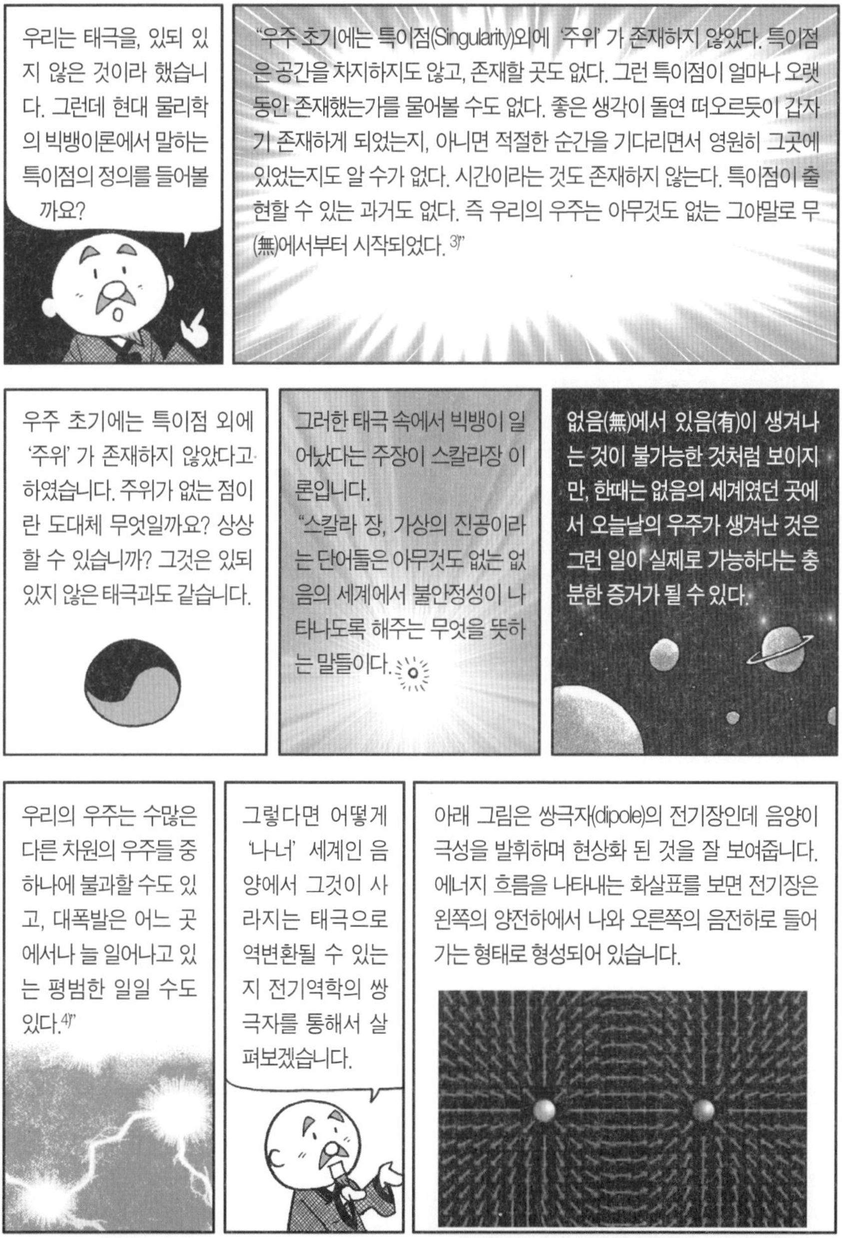

3) 출처 : 거의 모든 것의 역사(빌 브라이슨 저/ 이덕환 옮김 / 도서출판 까치) / P22
4) 출처 : 거의 모든 것의 역사(빌 브라이슨 저/ 이덕환 옮김 / 도서출판 까치) / P25

그런데 아래를 보시면 이 음양 쌍극자가 결합하여 하나가 되어갑니다. 여전히 양에서 나와 음으로 들어가는 움직임이 있지만 점차 극성의 영향력이 줄어들면서 힘의 장이 사라지고 있습니다.

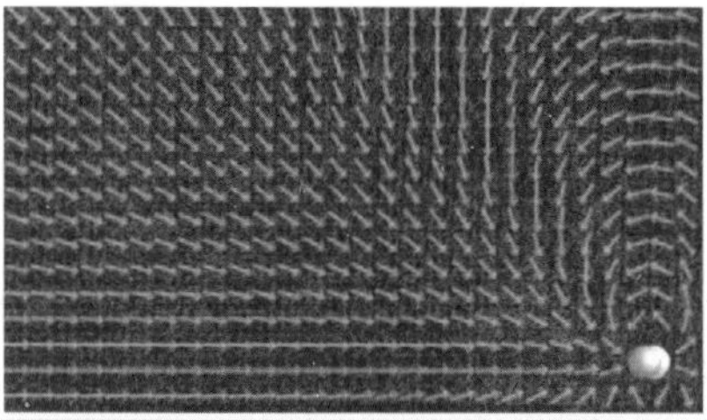

그리고는 결국 하나가 되어 각자의 극성이 드러나지 않게 되자 전기장은 움직임 없는 일종의 깨끗한 스크린과 같이 됩니다. 그러나 현재 -음극과 +양극이 결합하여 중성화된 상태이지 그 둘이 완전히 사라진 것은 아닙니다. 태극은 마치 이와 같다 하겠습니다.

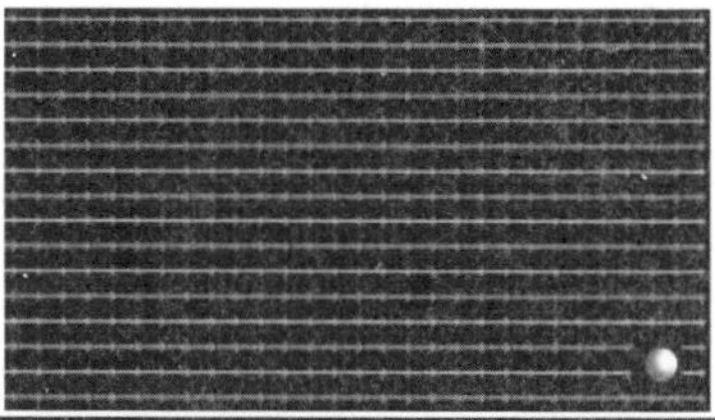

음성과 양성이 합하여 상쇄됩니다. 그러나 에너지 보존의 법칙에 의해 이 두 특성이 보유한 에너지는 현상계에서 사라지지만 보이지 않는 곳에서 또다시 현상화할 준비를 갖춘 보이지 않는 에너지로 화한 것 뿐인 것입니다.

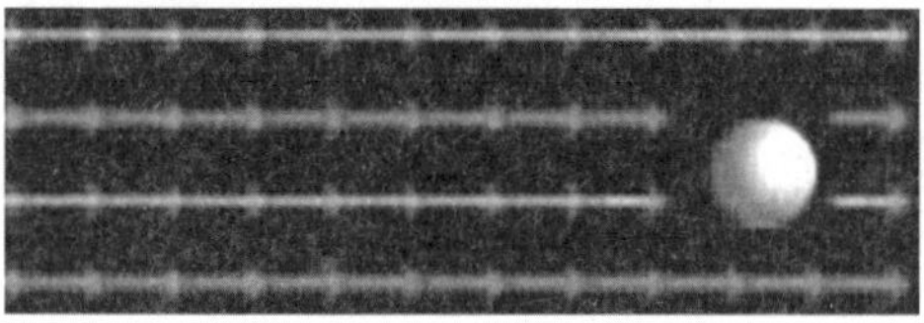

그것을 바로 스칼라 장, 진공의 양자장이라고 하는 것입니다. 텅빈 허공 같지만 에너지로 가득찼다고 하는 것은 바로 이를 두고 하는 말입니다. 그러나 언제든 불균형이 일어나면 다시 현상화할 수 있는 세계입니다. 이것을 태극에 비유할 수 있습니다.

의식의 측면에서 이러한 태극까지는 체험이 가능합니다. 우리가 '나' 나 '너' 또는 어떤 생각도 의식하지 않지만 무언가가 있는 것을 체험하는 '순수의식' 의 장과 같은 것입니다. 이것이 태극이지요.

그 태극을 넘어서는 것이 무극입니다. 무극은 체험의 세계가 아닙니다. 따라서 무극을 체험하려는 것이 수련의 궁극적 목적이라면 그는 닿을 수 없는 자신의 꼬리를 향해 맴돌고 있는 동물과 같다 하겠습니다.

무극은 우리가 늘상 그 위에서 존재하고 있는 바탕입니다. 현상계가 있다는 것 자체가 무극을 입증한다는 것을 깨닫는 것, 그것이 경험의 세계를 넘어가는 것이라 하겠습니다.

소성괘, 대성괘, 태극을 보는 법

주역의 기초 ③

하나의 대성괘 내에서 효의 흐름을 보면 아래로부터는 '나'가 성장을 하고, 위로부터는 '너/세상'의 영향력을 받습니다. 이 때 아래로부터 성장하는 보이지 않는 내적인 힘을 파워(power)라 하고, 이미 드러나 세상을 움직이며 나에게 영향을 미치고 있는 위로부터의 힘을 포스(force)라 합니다.

사람들이 보통 실패하는 이유는 파워는 키우지 않고 포스를 얻기만을 바라기 때문입니다. 보이지 않는 파워가 커지면 보이는 포스로 자연스레 드러납니다.

파워는 1효에서 3효를 향해 커나가고, 현재 존재하는 외부의 포스는 6효에서부터 나에게 영향을 미쳐옵니다. 그러나 파워가 커져 외부에 영향을 주기 시작하면 그것이 포스로 변화되기도 합니다.

즉 한 사람의 내적인 힘이 굳은 의지로 화하여 세상에 영향을 미치기 시작하면 그것은 물리적 힘인 4, 5, 6의 포스로 나타나는 것입니다.

반면 주변 환경과 외부의 포스가 한 사람의 내면에 영향을 미쳐 그 힘이 내면에 파워를 키워주며 이런 측면에서 외적인 포스 또한 내적인 파워로 변형된다고 할 수 있습니다.

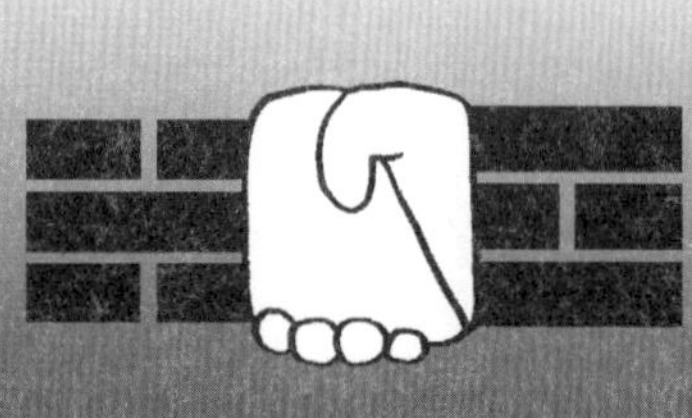

이렇게 파워와 포스는 같은 힘의 다른 표현이며 서로가 서로에게 영향을 미칩니다. '나'의 내적인 파워는 보이지 않는 힘이지만 곧 외부에 그 형태를 드러내게 됩니다. '너/세상'의 외적인 포스는 보이는 힘이지만 곧 사라져갈 운명에 처해있으며, 그러나 당장은 '나'에게 강력한 힘을 행사합니다.

다시 말해서 초효(1효)에서 3효까지 오르는 과정은 '나' 또는 내면의 힘인 파워가 자라는 과정입니다. 4효에서 상효(6효)까지는 파워가 포스로 화하여, 세상에 영향을 미치며(4효) 더욱 강력한 포스(5효)로 변하다가 6효에 이르면 사라져 가는 과정을 나타냅니다. 또 그 과정에서 4, 5, 6의 포스는 늘 1, 2, 3효인 '나'의 파워에 영향을 미칩니다.

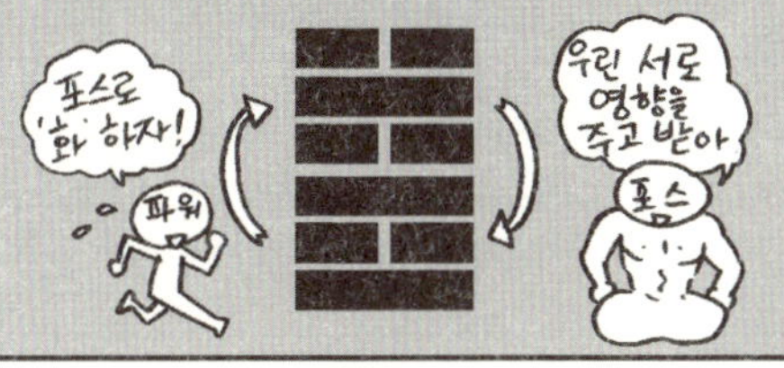

그런데 왜 괘 하나에 '나'와 '너'라는 완전히 다른 둘이 함께 있는 것일까요? 여기에는 흥미로운 점이 있습니다. 즉, '나'라고 말하는 순간 이미 그 안에는 '너'가 포함된다는 것입니다. 왜냐하면 모든 '나'는 나 아닌 '대상'을 전제할 때만 존재할 수 있기 때문입니다.

상대가 없는데 '나'라고 말할 사람은 없듯이 말입니다. 따라서 소성괘인 '나'와 '너'는 서로 안에 서로를 품고 있으며 한 쌍으로만 존재할 수 있기에 이 둘이 짝이 되어 하나의 대성괘를 이루는 것입니다. 주역에는 이 대성괘가 64개 있습니다. 이 세상 모든 상황의 패턴을 64가지로 나눈 것입니다.

그런데 '나와 너'가 언제나 한 쌍으로만 존재한다는 것은 무슨 의미일까요? 그 말은 우리가 처한 모든 상황, 우리가 보는 모든 사물, 우리가 느끼는 모든 감지된 것들이 의식에게는 모두 '나-너'의 조합으로 기록되어져 있다는 것을 의미합니다.

간단한 예를 들자면 이렇습니다. '내'가 외부의 '너'인 사과를 봅니다. 그러나 나는 진정 외부의 사과를 보고 있는 것일까요? 아닙니다. 사실 사과란 없습니다. 그저 전체 우주의 나누어질 수 없는 한 부분일 뿐이지요.

그럼에도 '나'에게 전체로부터 분리된 사과가 보인다면 그것은 '나'의 경험과 지식 등으로 이루어진 '나'의 세계에서만 느껴지고 경험되는 '사과'인 것입니다. 따라서 과수원에서 사과를 길러본 사람이 보는 사과와 도시에서 자라 수퍼나 마켓에서만 사과를 사본 사람이 보는 사과는 단어는 같다하더라도 그 의미와 느낌은 매우 다른 것입니다.
이와 같이 '사과'는 모두 다른 사과이며, 엄밀한 의미에서 내가 보는 사과는 나만의 사과인 것입니다. 즉 '나'의 '사과'는 사실 '나-사과'로 묶여서만 사용될 수 있는 것입니다.
나 ㅡ사과
이때 '나-사과'의 느낌에는 내가 경험한 총체적인 사과의 느낌(사과라는 측면)과 더불어 그 사과에 대한 나의 태도, 판단, 선호도의 느낌('나'라는 측면)이 한 덩어리로 묶여져 있습니다. 그래서 '나-사과'라고 말할 수밖에 없는 것입니다.
이와 같이 내가 경험하는 현실도 역시 '나'만의 '현실'입니다. 똑같은 서울역에 세 사람이 서있습니다. 시골에서 막 상경한 A와 10년 동안 그곳에서 노숙하던 B, 오랜 해외생활을 마치고 귀국한 C가 내려선 서울역은 모두 다르게 느껴질 것입니다.
서울역!
서울역…
서울역~
A
B
C
A의 '나'는 느리고 천천히 흐르는 시골의 시간에 익숙해 있어서 그와 매우 대비되는 빠른 '서울역'이라는 상황이 느껴집니다. 그의 '나'는 바람(巽)같은 '외부'를 느낍니다.
바람
B의 '나'는 차가운 돌덩어리로서의 잠자리일 뿐인 '서울역'이 주로 느껴집니다. 그는 살아가기 험한 산(艮)같은 외부를 느낍니다.
산

C의 '나'는 20여년 전에 비해 화려하고 빛나는 '서울역'을 주로 봅니다. 그는 빛나는(離) 외부를 느낍니다. 그들은 이렇게 각자의 '서울역'을 경험합니다. 그러므로 지금 '내'가 보는 '서울역'을 다른 사람들도 보고 있다고 믿는다면, 그것은 그야말로 자신의 믿음일 뿐임을 알아채야 할 것입니다.
빛
오~
이렇게 모든 현실은 같아보여도 우리 각자는 서로 다른 세계를 살아가고 있으며 나는 '나'만의 '현실'을 경험할 뿐인 것입니다. 그래서 순수의식은 지금 이 순간 '세상'을 경험하고 있지만 동시에 그와 연결된 '나'도 경험하고 있는 것입니다.
순수의식
나
나
나
세상
세상
세상
A
B
C
즉 우리 모두는 지금 이 순간 각자의 '나-너/세상'을 경험하고 있는 것입니다. 그것이 대성괘 안에 '나-너'가 포함된 이유입니다.
대성괘
나
너
자, 이번에는 내괘인 '나'와 외괘인 '너/세상'이 어떻게 서로에게 영향을 미치고 주고받는지 보겠습니다.
'나-세상'이 하나인 것은 '나'와 '세상'이 서로 영향을 주고받고 변화를 경험하기 때문이라 했습니다. 최근에 자신이 이상하게도 비슷한 사람과 상황들, 우연이라고 할 수 없는 연속된 사건들을 만난 일을 떠올려 보십시오.
어? 또 이런 일이.
그로 인해 더 깊어진 '나'를 경험한 경우가 없습니까? 예를 들어 눈에 보이는 사물과 입자만을 존재하는 것이라 인정하던 '나'는 어느 날 전파와 주파수같이 보이지는 않지만 존재하는 것이 있다는 것을 알게 됩니다. 보이지 않는 세계가 있다는 것에 마음이 열리기 시작한 것이지요.
눈에 보이는 게 전부가 아냐.

'나'가 인정하지 않던 것을 인정하면서 다른 '세계'가 열리게 됩니다. 이제 '나'는 파동이라는 세계에 대해 열려 있게 됩니다. 그런 후 빛은 입자이기도 하고 파동이기도 하다는 사실(아인슈타인과 JJ 톰슨의 실험에 의해 밝혀졌지요)에 접합니다. '나'는 그 '세계'에 속한 사람들에 관심을 가지고 만나게 되고, 그를 통해 더욱 더 '나'가 열립니다.
아… 이런 세상이 있었구나.
그리고는 눈에 보이는 물질이 모두 물질파를 가진다는 드브로이의 과학적 발견에 대해 듣습니다. 더 나아가 물질의 기본이라 할 원자나 전자가 자체 회전하며 거기서 스핀이라는 것이 있음에 눈을 뜹니다.
이제 '나'는 스핀에는 좌선(左旋)과 우선(右旋)이 있으며 모든 회전하는 것의 주위에는 소용돌이 같은 회전장, 즉 비틀림 장이 형성됨을 알게 됩니다. 거시 세계에서 그 연구와 실험을 한 빅터 샤우버거에 대해서도 듣습니다.
그 비틀림장을 토션장이라 부른다는 것도. 그러면서 말도 되지 않는다고 여겼던 파동장비와 토션장비의 가능성에 마음을 엽니다. 그리고 의식이 물질에 영향을 미칠 수 있다는 개념을 받아들이며 정보전사를 철저히 믿는 사람이 됩니다.
의식은 물질에 영향을 준다
이렇게 깊이 그 '세계'에 심취하여 그 분야에 조예 깊은 사람들을 만나게 되고 결국 이전과는 다른 '나'가 됩니다. 그렇게 달라진 '나'가 이제는 파동장비를 만들며 '세상'에 영향을 미쳐 또 다른 '세상'을 만드는데 기여합니다.
이 길이 내 길이다

보십시오. 위와 같이 '나'가 만약 마음을 열어 변화되지 않았다면 그 분야에서 더 깊은 세계를 개척한 그 사람들을 만날 수 있었을까요? 나아가 그 '나'가 그냥 마음을 연 것일까요? 아니면 그동안의 여러 상황과 만남으로 인해 변화의 임계점에서 '나'의 마음이 열린 것일까요? 즉 '세상'의 영향을 받은 것일까요?

'내'가 무언가를 알고 믿기 시작하면 그 믿음으로 인해 그 세계가 더 열립니다. 그리고 더 깊게 열린 그 '세계'가 다시 '나'에게 영향을 미쳐 '나'를 더 많이 열어놓습니다. 그리고 충분한 힘과 지식, 경험을 얻은 '나'는 또 세상을 바꿔놓습니다.

이렇게 우리가 무언가에 깊이깊이 빠져드는 메커니즘은 바로 '나-세계' 시스템 속에 있기 때문입니다. 즉 '나'와 '세상'이 함께 있으며 함께 돌아가는 대성괘라는 세계에 있기 때문이지요. '나'와 '세상'은 끊임없이 영향을 주고받는 하나라는 것입니다.

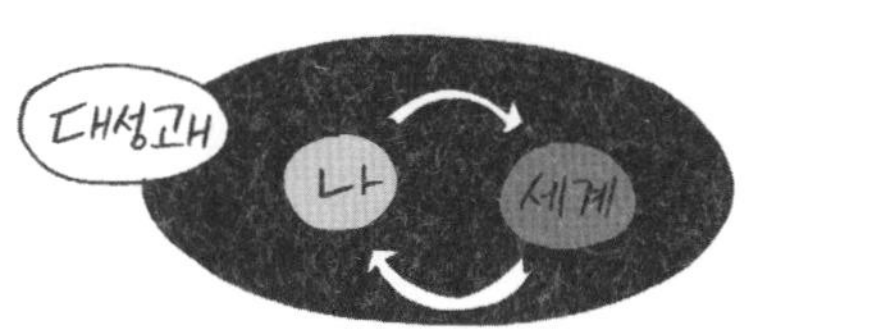

주역은 이것을 해석하는 과정을 통해 우리가 '나', '나-너', '태극'의 단계 중 자신이 어디에 있는지 깨우쳐주며 거기에 뜻대로 참여할 수도, 그로부터 벗어나 있을 수도 있음을 말합니다.

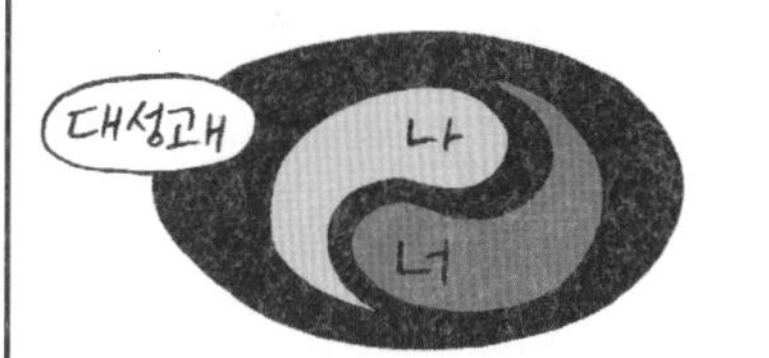

그래서 최종적으로 대성괘의 현상에서 빠져나오고 싶다면 잊지 말아야 할 것이 하나 있습니다. 모든 괘 하나하나는 태극이며 그 안에는 음과 양이 동시에 포함되어 있다는 것입니다.

의식의 측면에서 말하자면 순수의식이 이 순간 '너/세상'을 경험하는 동시에 '나'라는 것도 경험하고 있는 것과 같습니다. '내'가 처한 모든 '상황'은 하나의 대성괘로 나타낼 수 있으며, 거기서 '나'의 입장은 하나의 효로 대표됩니다.

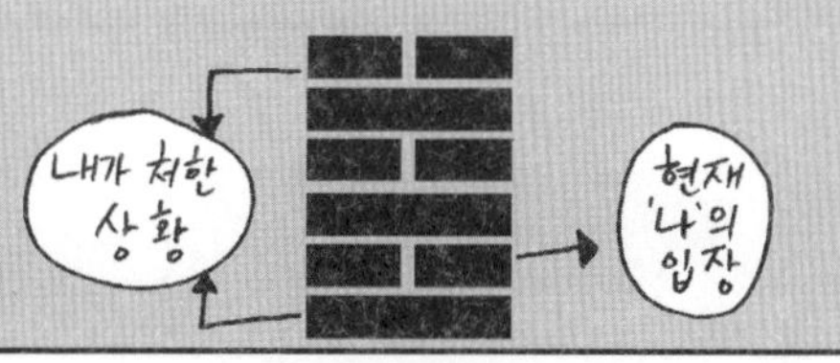

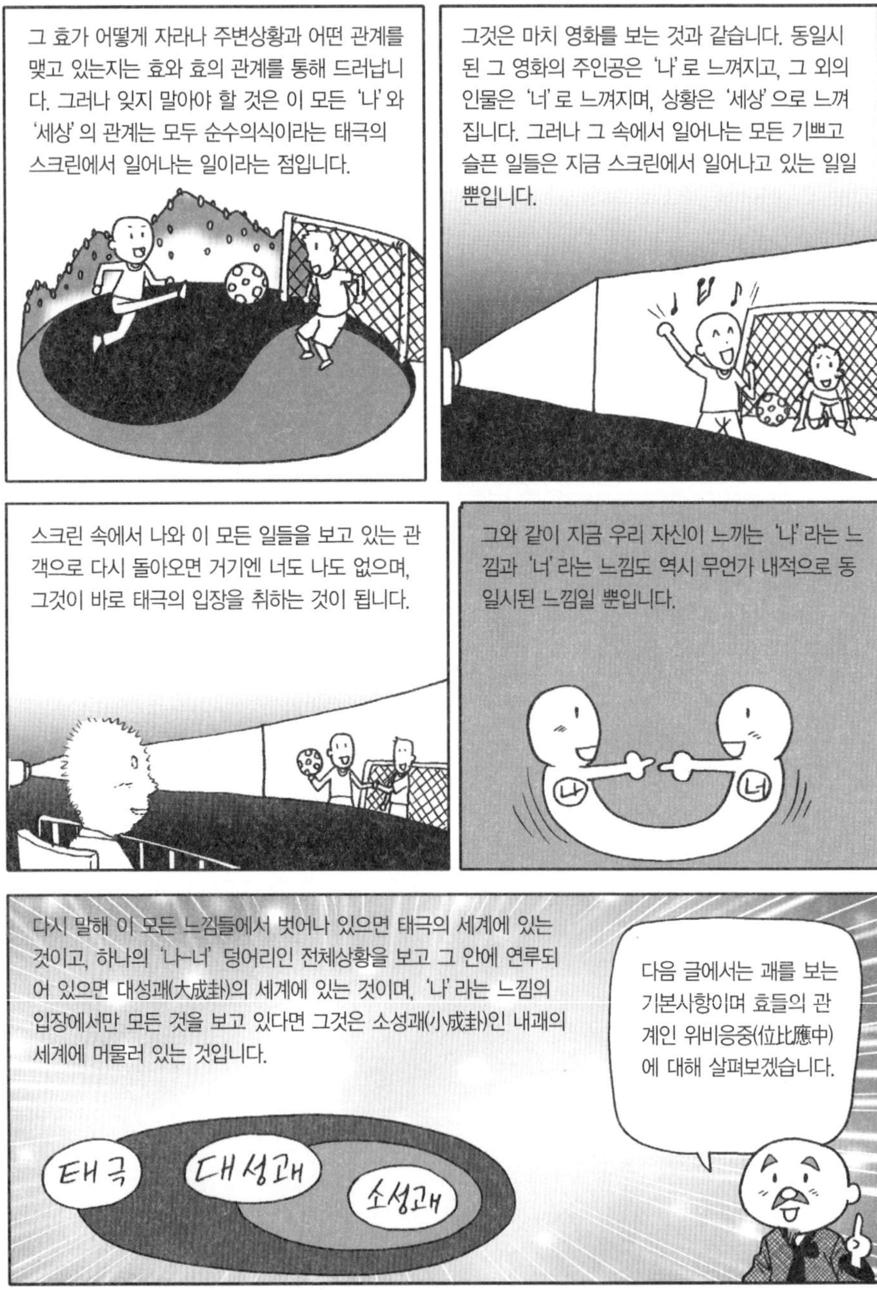
그 효가 어떻게 자라나 주변상황과 어떤 관계를 맺고 있는지는 효와 효의 관계를 통해 드러납니다. 그러나 잊지 말아야 할 것은 이 모든 '나'와 '세상'의 관계는 모두 순수의식이라는 태극의 스크린에서 일어나는 일이라는 점입니다.
그것은 마치 영화를 보는 것과 같습니다. 동일시된 그 영화의 주인공은 '나'로 느껴지고, 그 외의 인물은 '너'로 느껴지며, 상황은 '세상'으로 느껴집니다. 그러나 그 속에서 일어나는 모든 기쁘고 슬픈 일들은 지금 스크린에서 일어나고 있는 일일 뿐입니다.
스크린 속에서 나와 이 모든 일들을 보고 있는 관객으로 다시 돌아오면 거기엔 너도 나도 없으며, 그것이 바로 태극의 입장을 취하는 것이 됩니다.
그와 같이 지금 우리 자신이 느끼는 '나'라는 느낌과 '너'라는 느낌도 역시 무언가 내적으로 동일시된 느낌일 뿐입니다.
나
너
다시 말해 이 모든 느낌들에서 벗어나 있으면 태극의 세계에 있는 것이고, 하나의 '나-너' 덩어리인 전체상황을 보고 그 안에 연루되어 있으면 대성괘(大成卦)의 세계에 있는 것이며, '나'라는 느낌의 입장에서만 모든 것을 보고 있다면 그것은 소성괘(小成卦)인 내괘의 세계에 머물러 있는 것입니다.
태극
대성괘
소성괘
다음 글에서는 괘를 보는 기본사항이며 효들의 관계인 위비응중(位比應中)에 대해 살펴보겠습니다.

위비응중(位比應中)

주역의 기초 ④

먼저 위(位)라는 것은 '자리' 입니다. 음효와 양효가 본질적으로 고정된 음이나 양이 아니라 자신이 처한 입장과 위치, 환경에 따라 역할이 변한다는 것이지요.
땅 위에 서면 '산'
바다 위에 서면 '섬'
산
섬
즉, 한 남자는 기본적으로 양의 특성을 보이지만, 그가 회사에 나가 직원으로 일할 때는 상사를 모시는 음의 역할을, 집에 돌아와 아이들의 아버지로서 리드해야 할 때는 양의 역할을 한다는 것입니다.
생물학에는 오랜 논쟁이 있어 왔습니다. 바로 인간을 결정하는 것이 타고난 '본성' 이냐 아니면 자라난 '양육' 환경이냐는 것입니다.
인간게놈 프로젝트에 열광하는 사람들은 그 이면에 '인간을 결정짓는 것은 타고난 본성' 이라는 입장에 자신도 모르게 서고 있는 것과 같습니다.
그것은 '운명론' 이기도 합니다. 사주나 점성술은 터부시 하면서 게놈 프로젝트를 첨단과학의 산물이라고 찬양한다면 내적 모순에 처하고 말 것입니다.
게놈 프로젝트는 곧 우리의 운명은 결정되어 있으며 개척하려는 노력은 커다란 의미가 없다는 것을 말하는 운명론과 큰 차이가 없기 때문입니다.
게놈 프로젝트
=
운명론
심지어는 행복유전자가 많은 이는 남들보다 더 행복하게 살고, 모험유전자가 많은 이는 더 도전적이거나 모험적이라고 단정짓기도 합니다. 그렇게 모든 것을 타고났다는 것이 '본성' 의 입장입니다.
행복도 타고 나는 거야!

그러나 뇌내(腦內) 뉴런들의 신경망이 발달해가는 과정에서 보이듯이 환경은 커다란 영향력을 발휘합니다.
갓난아이가 어떤 환경에 처하느냐에 따라 그의 시각 신경망은 무성하게 발달하기도 하고, 폐쇄되어 기능하지 못하기도 합니다.
또 바이올린이나 피아노를 어릴 때부터 친 사람은 뇌안에 그와 연관된 피질의 신경망이 방대하게 결성되어 있습니다. 양육환경에서 얻은 그의 경험이 그의 뇌를 결정지었고 그의 삶도 바뀌었다는 것입니다. 그만큼 환경이 중요하다는 것이지요.
서구인들은 환경인 자연을 개발하여 사용하는 것이며 '인간을 위한 도구이다' 라는 믿음을 가져왔기에 그들의 연구핵심이 환경을 무시하는 운명적 결정론인 게놈 프로젝트로 향한 것인지도 모릅니다.
윙
윙
게놈 프로젝트
그와는 달리 동양인들은 신토불이(身土不二 : 내 몸과 내가 자라난 땅은 둘이 아니다) 사상을 통해 환경을 나와 다르지 않게 보며 살아왔습니다.
그래서 '나'보다는 '우리'라는 말을 더 자연스럽게 여기는 것입니다.
여기에서 동서양의 차이나는 전통적 본성-양육 중심 사상을 엿볼 수 있습니다. 그러나 이 두 사상은 서로 배격해야할 것이 아니라 보완하는 관계에 있음을 잊지 말아야 하겠습니다.
이와 같이 양(陽)으로 타고났다 하더라도 1,3,5인 양의 자리에 있지 아니하면 양의 역할을 제대로 하지 못한다는 것이 주역의 관점입니다.
음의 자리
양의 자리

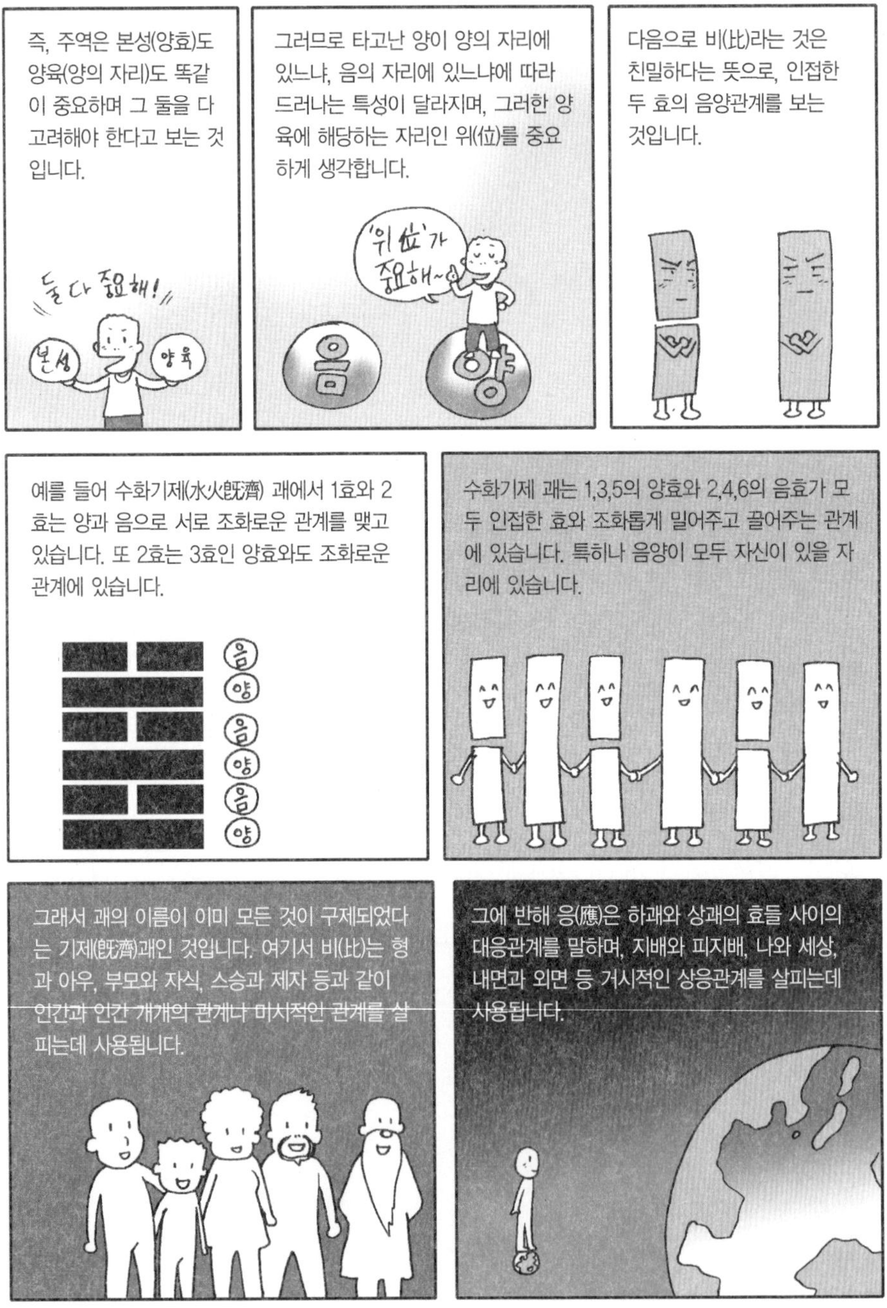
즉, 주역은 본성(양효)도 양육(양의 자리)도 똑같이 중요하며 그 둘을 다 고려해야 한다고 보는 것입니다.
둘 다 중요해!
본성
양육
그러므로 타고난 양이 양의 자리에 있느냐, 음의 자리에 있느냐에 따라 드러나는 특성이 달라지며, 그러한 양육에 해당하는 자리인 위(位)를 중요하게 생각합니다.
'위位'가 중요해~
음
양
다음으로 비(比)라는 것은 친밀하다는 뜻으로, 인접한 두 효의 음양관계를 보는 것입니다.
예를 들어 수화기제(水火旣濟) 괘에서 1효와 2효는 양과 음으로 서로 조화로운 관계를 맺고 있습니다. 또 2효는 3효인 양효와도 조화로운 관계에 있습니다.
음
양
음
양
음
양
수화기제 괘는 1,3,5의 양효와 2,4,6의 음효가 모두 인접한 효와 조화롭게 밀어주고 끌어주는 관계에 있습니다. 특히나 음양이 모두 자신이 있을 자리에 있습니다.
그래서 괘의 이름이 이미 모든 것이 구제되었다는 기제(旣濟)괘인 것입니다. 여기서 비(比)는 형과 아우, 부모와 자식, 스승과 제자 등과 같이 인간과 인간 개개의 관계나 미시적인 관계를 살피는데 사용됩니다.
그에 반해 응(應)은 하괘와 상괘의 효들 사이의 대응관계를 말하며, 지배와 피지배, 나와 세상, 내면과 외면 등 거시적인 상응관계를 살피는데 사용됩니다.

인접한 두 효의 음양관계인 비(比) 보다 전체의 흐름에 더 큰 영향을 미치므로 괘를 해설할 때 응(應)을 더 중요하게 봅니다.
응
비
즉, 하괘(下卦)의 초효와 상괘(上卦)의 4효, 2효와 5효, 3효와 6효가 각각 대응되는데, 이때 대응되는 두 효가 음과 양일 경우 '정응(正應)'이라 하여 좋다고 보며, 그 중 가운데 있는 2효와 5효의 정응을 가장 좋다고 봅니다.
양
정응
음
반대로 대응하는 두 효가 양과 양, 음과 음일 경우는 서로 반발하는 '적응(敵應)'이라고 하여 흉하게 봅니다. 이는 서로 반대되는 성질끼리 만나야 조화를 이룬다는 주역의 음양 대대(待對)원리에 근거한 것입니다.
칫-
마지막으로 가장 중요한 것이 중(中)입니다. 상하괘에서 보이는 응(應)의 관계는 2효와 5효 사이에서 특히 강조됩니다.
즉, 중(中)이라는 것은 하괘의 가운데인 2효와 상괘의 가운데인 5효가 제자리에 있을 때를 말하는데 2효에는 음이, 5효에는 양이 오면 중정(中正)이라 하여 가장 좋게 봅니다.
중정
우리가 처음 위(位)에 대해 말할 때 1효는 양, 2효는 음, 3효는 양, 4효는 음, 5효는 양, 6효는 음의 제자리라고 말했던 것을 기억할 것입니다.
음
양
음
양
음
양
여기서 보이듯이 2효는 음의 자리이고, 5효는 양의 자리입니다. 하괘와 상괘의 중심인 이들이 음양관계로 제자리를 잡고 서로 조화를 이루고 있는 것을 중정(中正: 중이 올바른 자리를 얻음)이라 합니다.

그러면 왜 중(中)이 중요할까요? 사회현상으로 살펴보면 중산층이 건강해야 사회가 안정되고 제자리를 잡았다고 보는 것과 같습니다.
상류층이 많아지거나 하류 빈곤층이 많아지면 양극화가 일어나며 이는 사회불안정의 가장 큰 요소이지요. 그래서 중간부위는 중요한 위치입니다.
불안해
제자리를 찾아야 한다는 위(位)와 주변에 인접한 효와 조화를 이루어야 한다는 비(比)가 중요하지만, 그 보다 더 중요한 것이 응(應)이고 가장 중요한 것이 중(中)이라는 것을 보여주는 괘가 있습니다.
위 < 비 < 응 < 중
화수미제와 수화기제가 그것입니다.
지금 우리 사회는 '소통부재' 라는 말을 흔히 듣습니다. 리더 계층과 그를 따르는 국민 간의 교류가 약하고 점차 양극화 되어간다는 것입니다. 그것을 가장 잘 보여주는 것이 바로 화수미제(火水未濟) 괘입니다.
이 괘는 계속 치솟아 오르기만 하는 불을 뜻하는 이(離)가 위에 있고, 아래로 흐르는 물인 감(坎)이 아래 있어 그 특성상 서로 만나지를 못하고 있습니다.
위정자들은 아래를 내려다보지 않고 그 오만이 하늘을 찌르며, 통치를 받는 이들은 노력을 통한 상승의 희망을 포기하고 좌절의 늪으로 떨어지는 상황과 유사합니다. 그러기에 서로 등을 돌리고 있는 구제받지 못할 상황이라는 이름의 미제(未濟)가 된 것입니다.

그런데 흥미롭게도 이 괘의 비(比)를 보면 좋은 상태에 있습니다. 즉, 인접한 효들이 모두 음양으로 되어 있어 매우 조화로운 관계에 있는 것입니다. 그런데 왜 전체 의미는 구제받지 못한다는 미제괘가 되었을까요?

이것은 마치 상류층은 상류층끼리만 어울리고 중하층을 무시하며, 중하류층도 피해의식으로 자신들끼리만 뭉치는 형국이기 때문입니다.

그래서 인접한 동류들끼리의 관계는 좋지만 상괘와 하괘라는 거시적 관계, 상하간의 소통은 부재한 상황인 것이지요. 이러한 소통부재 흐름이 지속되면 결국 양극화가 심해지고 구원이 필요한 상태에 이르게 된다는 것이 화수미제의 의미인 것입니다.

이렇게 된 가장 근본 원인은 상하의 중심인 5효와 2효가 제자리(中)를 잡지 못하고 있기 때문입니다. 상괘의 불(☲)은 양이 와야 할 5효에 음이 자리잡고 있어, 통치자가 굳건한 마음의 중심을 잡지 못하고 있음을 보여줍니다.

하괘의 물(☵)은 음이 와야 할 2효에 양이 자리잡고 있어, 나서려고만 하며 자기를 돌아보지 않습니다.

이렇게 화수미제는 바로 비(比)와 응(應)의 관계는 좋으나 중(中)이 제자리를 잡지 못하여서 발생하는 일입니다. 그래서 중이 가장 중요하다 하는 것입니다.

만일 반대로 물이 위에 있고, 불이 아래에 있다면 그 중심이 올바른 자리를 잡게(中正) 됩니다.
이때 물은 윗자리에 있어 중심이 굳건(陽)하나 겸손하여 아래를 향해(坎: ☵) 마음을 주고, 불은 아래에 있지만 자신을 돌아보고(陰) 희망을 갖고 위로 오르며(離: ☲) 윗사람을 따르고 관계맺으려 하게 됩니다.
이것이 수화기제이며 위비응중(位比應中)이 모두 잘 갖추어진 조화로운 괘이기도 합니다.
이 수화기제괘가 주역의 가장 뒷부분에 나타나는 이유가 여기에 있습니다. 온전히 조화를 이룬 이 괘는 이상적인 상태를 보여줍니다.
인간에게서 이 수화기제의 통합 상태를 잘 보여준 인물이 공자입니다.

논어 술이편에 "자온이려 위이불맹 공이안(子 溫而厲, 威而不猛, 恭而安 ; 공자는 온화하되 엄격하며, 위엄이 있되 사납지 아니하고, 공손하되 편안하였다)"는 말이 나옵니다.

온화와 엄격, 위엄과 사나움, 공손과 편안함은 표면적으로 볼 때 상반되는 특성이지만 공자에게서는 이 둘이 통합되어 나타남을 보여주는데, 중(中)이라는 것은 이렇게 상반되는 것이 제자리를 얻어 통합될 때 이루어지는 최고의 조화를 의미합니다.

이것을 상반응합(相反應合)이라 하며 최상의 중(中)에 있음을 의미합니다.